事業戦略のレシピ

A Recipe of Business Strategy

遠藤 功 [監修]
鬼頭孝幸｜山邉圭介｜朝来野晃茂 [著]

日本能率協会マネジメントセンター

監修のことば

　日本人ビジネスマンは「戦略」という言葉が大好き、とよく言われる。経営戦略から始まり、事業戦略、商品戦略、営業戦略、組織戦略、IT戦略などあらゆるビジネス用語に「戦略」という言葉が付くほど、「戦略」のオンパレードである。
　「戦略」についてのMBA的な知識を解説する本も多数出版されている。しかし、その多くは戦略策定によく用いられるフレームワーク（枠組み）やツールを紹介するだけにとどまっている。言うまでもなく、個々のフレームワークやツールを理解しただけで、効果的な戦略が描けるのであれば、我々戦略コンサルタントは無用の存在と化してしまう。

　「戦略」とはそもそも自らを「際立たせる」ことである。競合する他社と差別化し、自社ならではの際立った価値を特定することが「戦略」の意義である。一般的なフレームワークやツールを漫然と使っただけでは、「際立った戦略」など生み出せるはずもない。

　それでは、プロの戦略コンサルタントは一体どのようにして、創造的でありながら、実現可能な戦略を策定しているのであろうか。フレームワークやツールの実践的な使い方や方法論を解説すると共に、戦略策定のプロセスにおける「プロの技」を伝授するのが本書の目的である。
　本書で読者の方々に伝えたい「プロの技」は、次の二つに大別することができる。

監修のことば

　一つは、汎用的とも言えるフレームワークやツールを実際に使いこなす際の、独自の「視点」である。ユニークな「戦略」は、ユニークな「切り口」から生まれる。

　しかし、ここでいう「ユニークさ」とは、誰も思いつかないような驚天動地の発想を言うのではない。様々な情報やデータを見る際に、ありきたりな常識的な見方に固執するのではなく、ちょっと視点を"ずらしてみる"、物事を見る"角度"を変えてみるということである。この"視点のズレ"や"異なる角度"こそが、斬新で、ユニークな「戦略」につながっていく。

　戦略策定のプロセスにおいて、プロのコンサルタントはどのようなものの見方をしているのか、その際の考える「コツ」とは何かを是非学んでいただきたい。

　二つめは、実行され、結果につながる「戦略」を策定するための「プロの技」である。いくら独創的で、ユニークな「戦略」を生み出しても、それが現場における日々の業務や仕組みに落とし込まれ、業績に結びつかなければまったく意味がない。

　結果につながる「戦略」にするためには、その策定プロセスにおいて実行性を担保しなければならない。納得感や腹落ち感のある「戦略」を策定するためには、社内での議論の進め方、関係者の巻き込み方などがきわめて重要な要素となる。

　プロのコンサルタントは、どのように組織を動かし、現場のやる気を喚起しているのか、「戦略」が機能するための土壌作りのポイントとは何かを習得していただきたい。

　私が会長を務める欧州系最大の戦略コンサルティング会社、ロー

ランド・ベルガーの売り文句は、"Creative strategies that work!"である。日本語では「成果を生む、創造的戦略策定」と訳されている。

　創造的であると同時に、実現され、業績に結びつく戦略策定の支援を行なうのがローランド・ベルガーのミッションであり、これまで数多くの日本を代表する一流企業とプロジェクトをともにしてきた。そこで策定された「戦略」の多くが現場に落とし込まれ、粘り強く実行され、結果に結び付いていることが我々の誇りでもある。

　本書を執筆しているのは、ローランド・ベルガー東京事務所を代表する精鋭コンサルタント3名である。それぞれの専門分野、得意領域は異なるが、プロのコンサルタントとして卓越した実績を残している。本書を通じて、「プロの技」だけでなく、彼らの「プロの心構え」を伝えることができれば、監修者としての最大の喜びである。

　2008年4月

株式会社ローランド・ベルガー会長
遠藤　功

はじめに

　的確な戦略をどのように策定し、そしてそれをどう着実に実行していくか…。これは、大抵の企業、そしてほとんどのビジネスパーソンにとって永遠のテーマではないだろうか。

　筆者も多数の企業へのコンサルティングを経験する中で、以前に比べ、企業での経営論、戦略論に関する知識やノウハウ蓄積は格段に進んできていると実感している。しかしその一方で、戦略が「絵に描いた餅」に終わってしまう、なかなか実行されない、といった「症状」に悩む企業が非常に多いこともまた事実だ。

　そこで、**企業の現場で実際に戦略策定やその実行に日々勤(いそ)しむ人々が読み、すぐに実際の業務に使えるような、そんな実務担当者の「座右の書」**が書けないか。そう考えて本書を執筆した。

　本書では、筆者が日々コンサルティングワークを行う中で培ってきた、いかに戦略を実行にまで移すか、いかに実行できる戦略を策定するか、といったノウハウやコツを、できる限り凝縮して詰め込んだつもりだ。紙幅の関係上、盛り込み切れなかった点なども少なくないが、それでも「動く戦略作り」「戦略を動かすためのコツ」といった観点から、現状で最良の内容に仕上げたつもりである。

　各章末には、理解をより深めるために**「復習チェック」「ワーク」**を用意してある。これには解答を掲載していないが、わからなかったら本書の記述に戻って、再確認して欲しい。

　また、我々コンサルタントが、戦略のプロとしてどんな"味付け"をしているかという点を、**「プロの視点」**として各所にまとめた。これも実践での参考にして欲しい。

本書には、目新しいコンセプトやフレームワークが多数記載されているわけではない。しかし、本当に意味のある、そして実行できる戦略策定には、奇手奇策など決して存在しない。
　そして、策定した戦略を確実に実行に移していくための方法にも、これといった特効薬があるわけではない。地道な情報収集や分析、徹底的な議論に基づく的確な判断、経営や現場も含めた関係者の納得感・腹落ち感、そして実行に向けた粘り強い継続があって、初めて的確な戦略を策定し、それを実行してその成果たる業績向上を享受することができるのである。

　本書を一読してその全てを理解し、即実行できるようになるとは思わない。事はそう単純ではない。しかしながら、本書を繰り返し繰り返し読み込み、実際に様々な現場において経験を積んでいく中で、確実に読者のみなさんの戦略構築能力は高まっていくはずだ。
　実践と努力あるのみ。経験に勝るものはないのである。本書が、読者のみなさんの能力向上、ひいてはみなさんが携わっていらっしゃる事業や企業の業績向上にわずかながらでも貢献できれば、筆者としては望外の喜びである。
　最後に、本書執筆に当たって辛抱強くサポートしていただいた、日本能率協会マネジメントセンターの桑田篤さんに、お礼申し上げたい。ギリギリまで筆の進まなかった筆者を最後まで支えていただいた。深く感謝する次第である。
　２００８年４月

鬼頭孝幸（著者を代表して）

事業戦略のレシピ◎もくじ

監修のことば　　3
はじめに　　6

オープニング　「戦略」とは何か

0-1　「戦略」の正しい意味を知る　　14
「戦略」は単なる「接頭語」や「接尾語」ではない ……15
戦略とは、優位性を強化、拡大していくためのもの ……16
戦略とは、資源配分を決める枠組み ……18
「戦略」と「ビジョン」の違いは？ ……23
「戦略」と「計画」の違いは？ ……25
個々人の日常生活にも「戦略」はある ……27

第1章　戦略を作る前に

1-1　どのように戦略を策定するのか　　32
戦略は、一律の手法では語れない ……33
優れた戦略を策定するには ……34
判断力の源は、「問題解決能力」にある ……37
問題解決能力を鍛える「七つの当たり前のこと」……38
『孫子の兵法』に見る「戦略」……39
戦略は、「釣りの準備」……40
戦略策定の4ステップ ……42

CONTENTS

第 2 章　戦略策定ステップ①　現状分析

2-1　現状分析のポイント　46
- 現状分析こそ戦略策定の第一歩　47
- 現状を正しく理解できている企業は実は少ない！　48
- 正しい現状理解のための五つのポイント　50
- 良い現状分析と悪い現状分析　51
- 常に「目的」を明確に　56
- 現状分析の基本はSWOT分析　57

2-2　OT分析①「5フォース分析」　60
- 5フォース分析とは　61
- まず、業界の全体像を概観する　62
- 五つの要因を分析する　66
- 5フォース分析を行うときに注意したい二つのポイント　71

2-3　OT分析②「ポジショニング分析」　72
- ポジショニング分析とは　73
- 戦略のポジショニングを見てみよう　76
- 戦略のポジショニング分析を行うときのポイント　80

2-4　OT分析③「競合分析」　82
- 競合分析で行うこと　83
- 競合の強み・弱みを、どのように機会や脅威として分析するのか　86

2-5　OT分析④「成功要因（KSF）分析」　88
- 成功要因（KSF）分析とは　89
- KSF分析の進め方　90
- KSFは単体で考えるものではない　92

KSF分析で留意すべき二つのポイント ……………………………93

2-6 OT分析⑤「顧客（消費者、ユーザー企業）分析」 94
顧客分析の目的は何か ……………………………………………95
まず顧客の構造を整理してみよう ………………………………96
顧客について理解するための五つの視点 ………………………97
分析に入る前に ……………………………………………………104
「新しい顧客獲得の可能性」を分析する ………………………107
「離反の脅威」を分析する ………………………………………110
「既存顧客の購買頻度・金額向上余地／低下の脅威」を分析する …111

2-7 SW分析 112
強みや弱みは絶対的な基準ではなく、相対的に決まるもの …113
SW分析①「業績／パフォーマンス分析」………………………114
SW分析②「ポジショニング分析」………………………………116
SW分析③「マーケティング（4P）分析」………………………118
SW分析④「バリューチェーン／ビジネスモデル分析」………120
SW分析⑤「有形資産・無形資産・組織分析」…………………127
SWOTをまとめる …………………………………………………133
現状分析で心掛けたいこと ………………………………………134

第3章 戦略策定ステップ②戦略オプション策定

3-1 戦略オプションとは 140
戦略オプションとは、選択と集中の選択肢 ……………………141

3-2 「成長オプション」 144
成長オプションの考え方 …………………………………………145
既存事業での売上拡大のオプションを考える …………………146

CONTENTS

　　新たな事業領域への展開オプションを考える ……………………153
　　収益性向上による成長オプションを考える ………………………161
　　成長オプションと現状分析の成長機会を照らし合わせる ………163

3-3 「脅威への対応オプション」 166
　　脅威への対応オプションの考え方 …………………………………167
　　「売上減少リスク」に対応する ………………………………………169
　　「売上停滞リスク」に対応する ………………………………………174
　　「収益性の悪化リスク」に対応する …………………………………176
　　脅威への対応オプションをまとめる ………………………………178
　　脅威はチャンス ………………………………………………………179

3-4 「強化・補強すべき強み・弱みのオプション」 180
　　強化・補強すべき強み・弱みのオプションの考え方 ……………181
　　「成長オプション」「脅威への対応オプション」から絞り込む …182

3-5 戦略オプションにまとめる 188
　　オプションをまとめるときの考え方 ………………………………189
　　戦略オプションを考えるコツ ………………………………………192

第4章　戦略策定ステップ③　オプション評価・絞り込み

4-1 戦略オプションを絞り込む 198
　　戦略に必要な3要素 …………………………………………………199
　　オプション絞り込みのステップ ……………………………………200
　　合理的な戦略オプション評価 ………………………………………201
　　実現性の検証は徹底的に行う ………………………………………205
　　当事者の「想い」の理解・集約 ……………………………………209
　　腹落ち感と納得感が最終的なカギ …………………………………212

戦略転換を前提として、代替案を準備する ………………216

第5章 戦略策定ステップ④ 計画・アクションへの落とし込み

5-1 戦略を施策に落とし込む　220
　　計画・アクションへの落とし込みのステップ ………221
　　戦略はどの単位まで分解するか ………………………222
　　施策への落とし込み方 …………………………………223
　　施策のタイプ ……………………………………………225
　　施策に優先順位をつける ………………………………231

5-2 アクションに落とし込む　232
　　「手触り感」のあるアクションにするためには ………233
　　戦略実行の「最初のひと転がり」をどうするか ………234
　　実行計画にまとめあげる ………………………………238
　　マスタープランを作成する ……………………………239
　　アクションプランを作成する …………………………244
　　推進体制を構築する ……………………………………246

第6章 確実に「実行」するために

6-1 「実行」のために必要なこと　252
　　経営と現場で、PDCAを徹底しよう ……………………253
　　「見える化」で組織能力を上げよう ……………………255

参考資料　価値観を可視化するrbプロファイラー　　260

オープニング

「戦略」とは何か

戦略作りをするには、そもそも「戦略」とは何かを知っておかなければならない。ここではオープニングとして、「戦略」の正しい意味を解説していこう。まずはリラックスして取り組んで欲しい。

0-1
「戦略」の正しい意味を知る

　「戦略」という言葉は、様々な方面で使われる非常に広い概念の言葉だ。しかし、この意味をあいまいに捉えていると、戦略作りも間違った方向に進んでしまう可能性がある。ここでは「戦略」の意味と、「ビジョン」や「計画」など、似た言葉との意味の違いを見ていこう。

> **この項目で学ぶこと**
>
> ☐ 戦略の目的とは、企業活動の中で「優位性を創造し、維持し、強化していくこと」である。
> ☐ 戦略とは、優位性を強化、拡大していくための「設計図」であり、「デザイン」である。
> ☐ 戦略は限られた資源配分を決める枠組みとも言える。そのため、必ず「日向(ひなた)」と「日陰」を作る。
> ☐ 「ビジョン」は、夢や構想を語ること。「戦略」は、夢と現実とのギャップを埋めるシナリオを設計していくこと。
> ☐ 「計画」は、タスクに時間軸と担当を入れるようなこと。「戦略」は、現在の枠組みを超えて、全体最適を考えること。

「戦略」は単なる「接頭語」や「接尾語」ではない

●様々な使われ方をされる「戦略」という言葉

　「戦略」と聞いて、あなたは何をイメージするだろうか。身構える人、あるいは「またか」と呆れる人もいるかもしれない。それほど、「戦略」という言葉は、企業や組織の中では、非常に広い応用範囲を持つ便利な言葉であって、様々な使われ方をされている。

　例えば、企業戦略、事業戦略、成長戦略、海外戦略、財務戦略、営業戦略、R&D戦略、人事戦略など、挙げだしたらきりがないくらい、「接尾語」として頻繁に使われる。また、戦略的展開、戦略的人材活用、戦略的撤退など、「接頭語」としてもよく使われる。早稲田大学ビジネススクールの山田英夫教授は、「戦略的＝自分の考えを重厚に見せるために多用される枕詞」と揶揄している。

　しかし、「戦略」という言葉には、正しい意味と正しい使い方がある。決して上辺だけの言葉ではない。本章では、読者のみなさんがこれから事業戦略の構築力を身につけていくための第一歩として、一般的に誤解されがちな「戦略」を、今一度きちんとおさらいし、その本質的な意義や位置づけを確認する。

図O-1-1　戦略とは便利な言葉

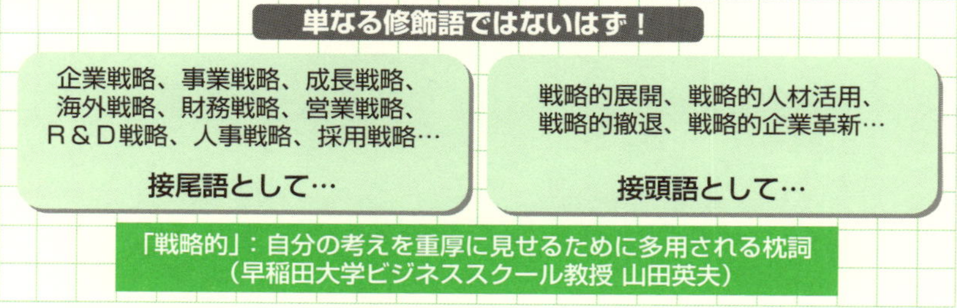

単なる修飾語ではないはず！

接尾語として…	接頭語として…
企業戦略、事業戦略、成長戦略、海外戦略、財務戦略、営業戦略、R&D戦略、人事戦略、採用戦略…	戦略的展開、戦略的人材活用、戦略的撤退、戦略的企業革新…

「戦略的」：自分の考えを重厚に見せるために多用される枕詞
（早稲田大学ビジネススクール教授　山田英夫）

戦略とは、優位性を強化、拡大していくためのもの

●企業の目標とは？

　企業の目標とは何であろうか？

　企業論についての考察は、古くから様々な解釈や論説が繰り広げられてきた。実際、街の書店にはたくさんの学問書が豊富に並んでいる。学問的なことを深く探求したい方にはそちらをお勧めするが、一般的に企業の目標とは、「いかに強い優位性を構築し、持続させ、価値を創造していくか」という理解で差し支えないだろう。

●戦略の目的とは？

　では、「戦略の目的」とは何であろうか？　こちらの意味についても、あくまで実用上十分な理解に留めておきたい。企業の目標が「いかに強い優位性を構築し、持続させ、価値を創造していくか」ということである以上、戦略は「優位性を創造し、維持し、強化していくこと」が目的となる。

　つまり、戦略とは、優位性を強化、拡大していくための「設計図」であり、「シナリオ」でもある。別の言い方をすれば、どの土俵で戦い、どのような陣立てをもって、どのようなスピードで、勝者となっていくかの「青写真」とも言える。

図0-1-2 戦略の目的とは？

企業の目標	「いかに強い優位性を構築し、持続させ、価値を創造していくか」
戦略の目的	優位性を創造し、維持し、強化していくこと（他社が容易に真似出来ない独特な優位性を構築すること）
戦略	「優位性」を強化、拡大していくためのフレームワークであり、設計図、デザイン

戦略とは、

- 経営理念、ビジョン実現に向けて、
- 環境、市場の変化を洞察しつつ、
- 資源の制約下で、
- 可能な限り早く
- 自社の「優位性」を維持、強化、創造していくこと

を目的としたもの

戦略とは、
資源配分を決める枠組み

●企業の資源は限られている

　早稲田大学ビジネススクールの教授で、本書の監修者でもある遠藤功は、こう言っている。

> **戦略**
> **＝**
> **価値創造に向けた傾斜資源配分を実行するための"基本シナリオ"**

　「傾斜資源配分」という言葉が出てきたが、何故、資源を傾斜して配分しなければならないのか？　その理由を考えておこう。
　まず、優位性を強化していくためには、ヒトなり、金なり、時間なり、の資源の投入が必要不可欠である。一方で、企業の資源（ヒト、モノ、金、時間等）は有限である。従って、企業が望む全ての分野・領域で優位性を構築することは不可能であり、優先順位をつけなければならない。
　つまり、戦略とは、企業の資源は限られているという制限から見ると、**「資源配分の優先順位、力点の置き方の枠組み」**とも言える。くどく言うならば、資源の配分において、「何を」「どこに」「いつ」「どの程度」「どうやって」投入していくかを決める枠組みなのである。

●戦略は、必ず「日向と日陰」を作るトレードオフの世界

　言い換えると、戦略は、必ず「日向」と「日陰」を作るトレードオフの世界なのである。

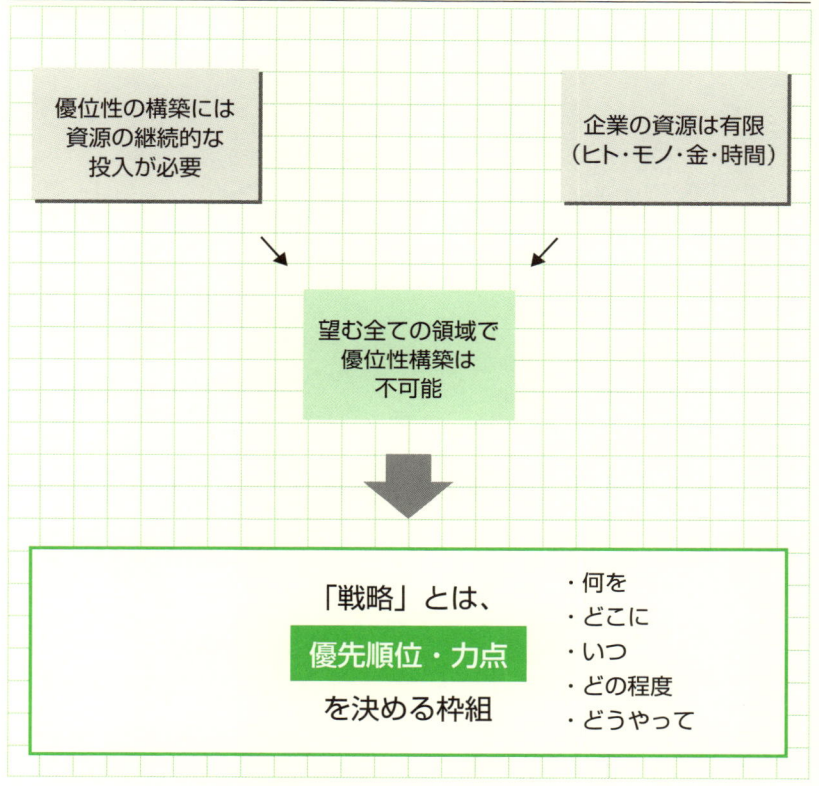

図0-1-3 傾斜資源配分の考え方

　よく見られるのが、集中するという方針はあっても、その原資がどこから出てくるのかが不明な「戦略」である。例えば、多くの企業で「集中と選択」という言葉は見かけることが多いと思う。往々にして、集中する＝強化する領域（事業、製品、地域等々）は明確に定義されている。しかし、本来どこかを強化するためには、どこからかその原資を持ってこなければならないのに、その原資確保の手段は、「設計図」において明らかにされていない場合が、残念ながら多い。「選択」をしていないのだ。

図0-1-4 戦略とはトレードオフの世界

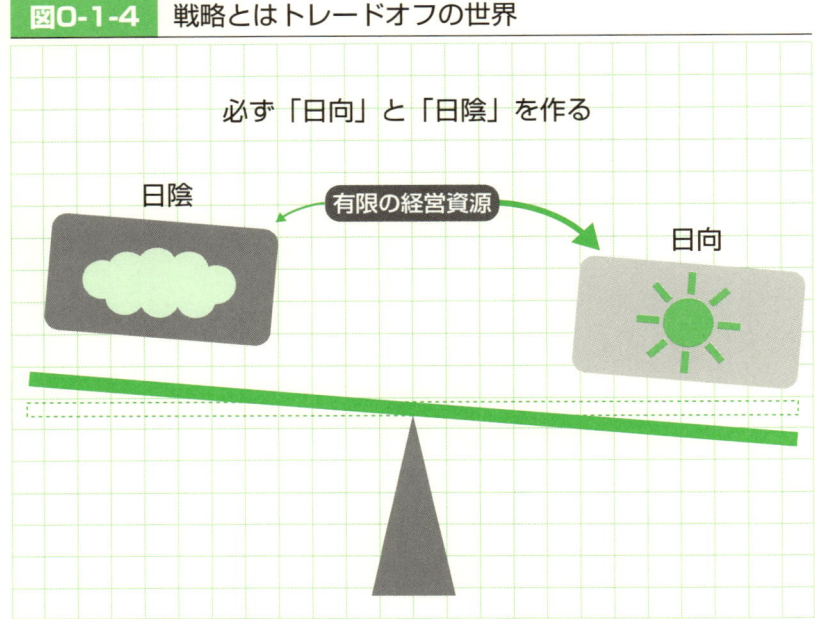

● カゴメの失敗と復活にみるトレードオフ

　かなり昔の事例だが、食品メーカーのカゴメの多角化の失敗とその後の劇的な復活は、トレードオフを考える例としてわかりやすい。

　1983年当時、カゴメは「味の素を追い越せ」をスローガンに総合食品メーカーへの脱皮を目指す「スカイ計画」を掲げ、後にその発展形である「ニュー・スカイ計画」を推進した。その内容は、多角化路線を指向した、加工食品、輸入食材、飲食業などを多面展開するような、バブル型の成長至上主義、売上至上主義とも言えるものであった。市場の魅力度を最も重視して参入分野を決めたり、自社の持ち味と組織能力とのマッチングを軽視したりしたため、経営資源と多角化分野のミスマッチが次第に広がっていった。資源、強みといった「適社度」をほとんど考慮していなかったのである。

例えば新製品開発では、時代の流行にやみくもに迎合したり、過度にニッチなニーズにも対応したり、ターゲットを意識せず、多世代対応を狙った特徴の乏しいものばかりにしたりと、急激にフォーカスをなくしていった。当然、「カゴメらしさ」は消えていき、ブランドイメージが拡散していった。また、商品からは力強さが消え、ロングセラー商品が育たず、短期短命商品ばかりになっていった。
　結果、売上高は確かに伸びたが、収益性は低迷し、赤字に転落してしまった。

●大胆かつ的確な方針転換

　その後、カゴメはニュー・スカイ計画の反省から、自社経営資源、組織能力を活かしながら、これらを強化・蓄積できる新しい基幹商品の開発へ軌道修正を行った。1992年から取り組んだ「カゴメ101運動」においては、「農業食品メーカー」への回帰、体格ではなく体質を誇る、人中心の経営を新政策の柱として謳った。また、戦略と組織能力のマッチングを強く意識し、「カゴメらしさ」の追求を判断基準として打ち出した。具体的な戦略としては、カテゴリートップ商品中心戦略を掲げ、トマトケチャップ、トマトジュース、キャロットジュース、六条麦茶等の再強化を図った。営業面では、商品絞込み、販売の平準化、新価格体系の取り組み等に取り組んだ。当然、商品開発方針も変更した。

　当時の新開発アイテム数を追うと、多角化時期の肥大化、戦略転換後の集中化が、非常に端的に現われている。スカイ計画開始当初の1984年度では約50弱だったアイテム数が、その5年後、1989年度には約4倍の200近くのアイテム数に達した。更にその5年後、カゴメ101運動に取り組んだ時期には30程度にまで絞り込まれた。実に

1984年度以前の水準である。新開発アイテムに限らず、全アイテムで見ても、91年度末では約1,000あった商品アイテムが、その3年後の94年度末には、600にまで減らされた。

　この戦略転換により、カゴメの業績がその後回復したのは言うまでもない。「火傷」をしてしまったからこそ、選択と集中の重要性が、より強く、よりせっぱ詰った課題として組織全体の「腹に落ち」、大胆なやり直しが出来たのである。

● 「あれもこれも」ではダメ

　カゴメに限らず、多角化による失敗例は少なくない。かつての苦い経験や反省からか、多角化という言葉自体、最近ではあまり聞かなくなったが、企業が成長を実現していく上で、多角化も立派な一つの方向性であることは間違いない。大事なことは、「あれもこれも」ではなく、「あれとこれだけは」の発想である。

図0-1-5　選択と集中

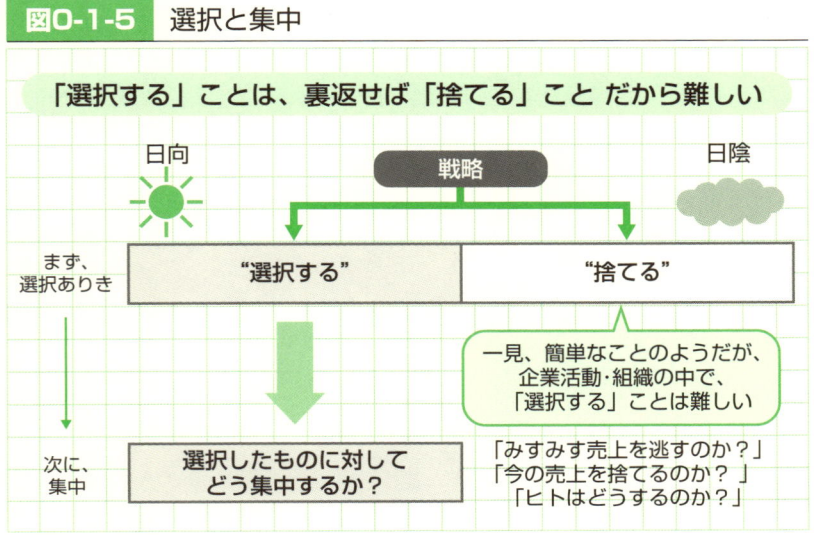

「戦略」と「ビジョン」の違いは？

● 「実現性」が異なる

　「戦略」という言葉とセットにされてよく使われる言葉に、「ビジョン」がある。「ビジョン」と「戦略」の違いとは何であろうか？

　端的に言うと、ビジョンは「夢あるいは構想を語ること」であり、戦略は**「夢と現実のギャップを埋めていくシナリオを設計していくこと」**である。つまり、戦略には何らかの実現化の考え方、枠組みが不可欠なのである。

　戦略では優位性を構築する「場」が現実に存在するのか、また「商売」として成り立つのかを重視する。また、自社の資源、能力、体質・風土を踏まえた上で、競争相手との相対的視点で、自社に相応しいのか、勝てるのか、という可能性を重視する。

図0-1-6　戦略とビジョンの違い

ビジョン	戦略
夢あるいは構想を語ること	夢と現実のギャップを埋めるシナリオを設計していくこと
・夢を提示し、目指す方向を明確にして、組織を一つにするために極めて重要 ・戦略以前の次元として重要であり、これが明確化していないと戦略も構築し難い	・優位性を構築する「場」が現実に存在するのか、また「商売」として成り立つのか、を重視する ・自社の資源、能力、体質を踏まえ、また競争相手との相対的視点で、自社にふさわしいのか、競争に勝てるのかという「可能性」を重視する

中央：実現性の違い

従って、どんなに論理的に正しく構築された戦略であっても、実行に移されなければ、実現性や実行性が無かったという理由で、戦略としては「0点」である。自社の現実を見据えない戦略は、戦略ではなく、ただの「絵に描いた餅」でしかない。

● **現場を知らない人たちが勝手に作ったものであってはならない**

筆者の経験上、「実行に移せる／移される戦略」とは、自社のオペレーションの現状（現場力）や組織のクセ・風土を、虚心坦懐に正しく理解した上で描かれたものである。

つまり、ビジョンは、創業者やカリスマ・リーダーの想いで成立することもあるが、戦略は、本社部門の一部の人間だけで描き得るものではなく、必ずオペレーションの現状をきちんと理解している人（現場の第一線にいるスタッフや"現役バリバリ"の現場管理者等）も交え（意見だけでなく、可能な限り策定プロセス自体に参画することが望ましい）、侃々諤々（かんかんがくがく）の膝詰めの議論を繰り返しながら練り上げていくものである。「経営戦略は本社」「事業戦略は事業部門」「オペレーション戦略は現場」と分けるものではない。いずれの場合も、本社から現場の第一線までが膝を付き合わせ、互いの知恵・知識、そして"想い"を結集することが大事なのである。

こうしたプロセスが無いまま「美しすぎる戦略」を描いても、笛吹けど踊らずの状態に陥る。戦略を実行に移すには、実際に動く人達の腹に落ち、納得し、共感を得なければならない。そのためにも、現場を知らない本社の一部の人達が勝手に作ったものであってはならないし、夢や理想だけを語っていても実現には到らない。そのような戦略は、そのまま"本棚の肥やし"と化してしまうことが多い。

「戦略」と「計画」の違いは？

●目的と手段の位置付けの違い

　ビジョンと同様、戦略とセットにして使われやすい言葉に、中長期計画、短期計画等の「計画」がある。では、「計画」と「戦略」の違いとは何であろうか？

　「計画」は、タスク毎に時間と担当部門や担当者を入れるような、いわば「個別の手段」であり、**「戦略」はシナリオ実現のために現在の枠組み（組織等）を超えるような、いわば「目的」である。**言い換えると、計画は、戦略を解釈し、各組織が自ら立案し、合意し、実行していく「約束ごと」と言えるのに対し、戦略は、企業あるいは事業としての優位性を強化していくために、既存の枠組み、例えば各組織単位の利害や部分の最適化を超え、全体最適を考えることと言える。

図0-1-7　戦略と計画の違い

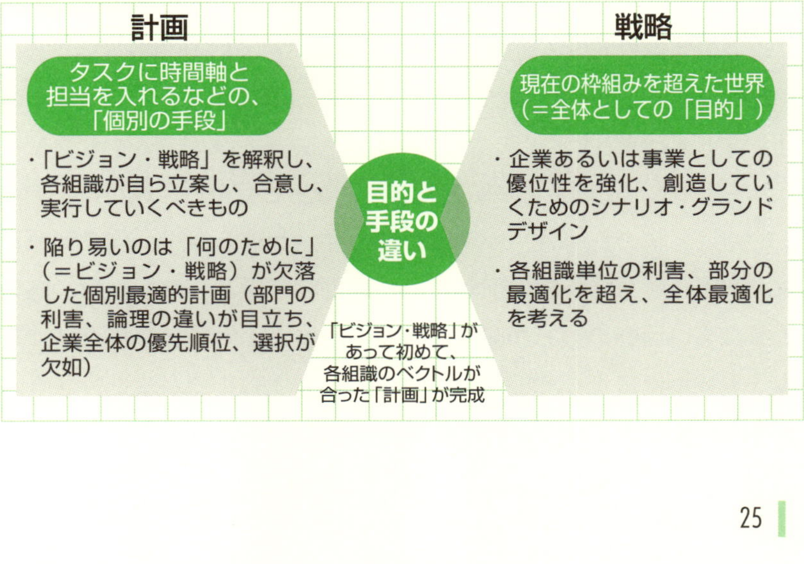

計画

タスクに時間軸と担当を入れるなどの、「個別の手段」

- 「ビジョン・戦略」を解釈し、各組識が自ら立案し、合意し、実行していくべきもの
- 陥り易いのは「何のために」（＝ビジョン・戦略）が欠落した個別最適的計画（部門の利害、論理の違いが目立ち、企業全体の優先順位、選択が欠如）

目的と手段の違い

「ビジョン・戦略」があって初めて、各組識のベクトルが合った「計画」が完成

戦略

現在の枠組みを超えた世界（＝全体としての「目的」）

- 企業あるいは事業としての優位性を強化、創造していくためのシナリオ・グランドデザイン
- 各組識単位の利害、部分の最適化を超え、全体最適化を考える

計画でよく見受けられるのは、「何のために」という目的が欠落した個別最適計画である。計画自体が目的化している場合も同様である。ビジョンや戦略といった目的・目標があって初めて、多様な組織が同じ方向感で有機的に連携し、各々の機能や貢献を果たすことができる。各組織が各々の論理や都合で作成した計画をまとめただけの"ホッチキス計画"では、企業や事業の優位性強化はおぼつかない。企業の資源（ヒト、モノ、金、時間等）は有限であるからこそ、これと決めたところに、企業としての総力を結集しなければならないのに、各組織がそれを共有しないまま、勝手な計画を作っても勝ち戦にはならない。目的・目標を全員が認識・納得しないまま各々の勘や都合でバラバラに動いても舟は迷走し、最後は互いに喧嘩し、チームや組織が崩壊するだけである。

●戦略が「チェックシート」になっていないか

　また、戦略には実現性が不可欠だが、逆に実現性や実行性を過度に重視した「地に足が着きすぎた」戦略は、ただの"チェックシート"である。

　現場の知識や知恵を活用しながら、実際に動く現場の納得感や当事者意識を醸成してやる気を引き出すことは非常に重要だが、現場の都合や言い訳に流されやすくなるのも事実である。また日々の仕事に追われる現場では、どうしても近視眼的になるのはやむを得ない。

　計画は「何のために」が明確になっていれば、現場で作成可能だが、戦略作りには、**地に足が着いた現場の目線と、なおかつ、鳥のような高い目線の両方が必要である。**だから、戦略は現場だけでなく、本社だけでもなく、本社から現場の第一線までが膝を付き合わせて議論を深めて作ることが必要なのである。

個々人の日常生活にも「戦略」はある

●みなさんの「○○戦略」は「戦略」か？

これまで述べてきたように、戦略は、優位性構築のシナリオでもあり、資源配分の優先順位でもあり、実現化の考え方でもある非常に広い概念である。

実際、戦略なのかビジョンなのか、戦略なのか計画なのか、はっきりとしないものが会社の中には無数に氾濫している。読者のみなさんの机の引き出しやキャビネットを開けてみれば、恐らく、「○○戦略」と書かれた書類が、一つや二つは簡単に見つかるのではないだろうか？　それほどまでに会社の中で、誰もが使うありふれた言葉であると同時に、会社の活動の中で誰もが関与する大事なものでもある。

これら「○○戦略」の場合も、優位性構築を目的とし、資源配分の傾斜を考慮し、実現に向けた具体的なステップが含まれているものであれば、いずれの場合でも「戦略」だと言える。

厳密な意味での、各戦略の位置付けや考え方の違いについては他の専門書で学習して欲しい。

●個人レベルでも企業・事業と同じような判断をしている

資源が有限であることは、会社や組織に限らず、個々人のレベルにも同様に当てはまる。例えば、自分の一日当りの活動時間を考えてみよう。どんなに寝食を削っても、24時間よりも増やしようはない。他方、自分がやりたいことや、やらなければならないことは、きりがない。自分としては、経験的に効果と効率を加味して優先順

図0-1-8 日常活動においても、「戦略」はある

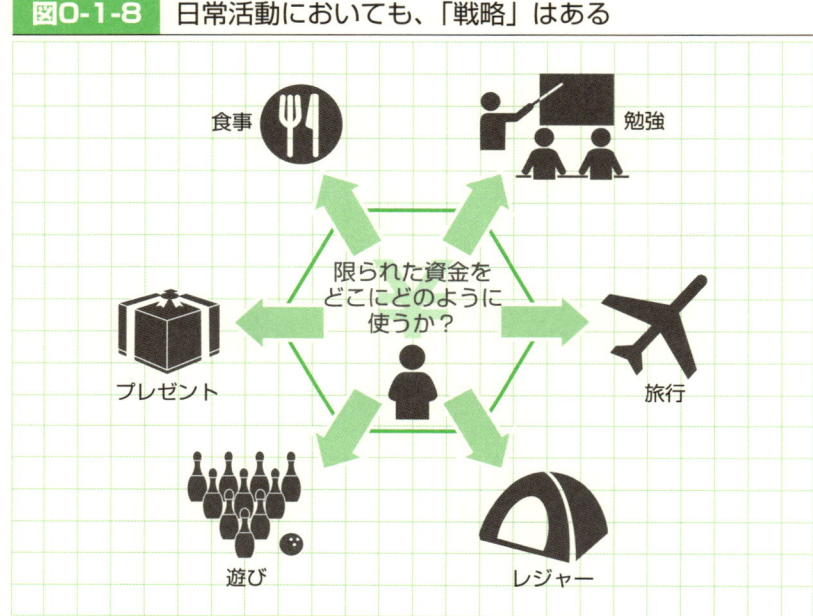

位を決めていく。当然優先順位が低いものは後回しになっていく。つまりトレードオフを自ら判断しているのである。

効果と効率をどこまで強く意識するかは個々人で大きく違いがあると思うが、自分としての"土俵"を決め、自分の得手・不得手、実現性や難易度（ターゲットとの相性や現在の進捗など）、緊急度等を、総合的に勘案して判断しているはずだ。

つまり、企業・事業の強み・弱み、ターゲットの魅力度・難易度等を分析・判断することと同じ行為を自ら自然に行っているのである。

お金の使い方を考えればもっと分かりやすい。仮に自由に使えるお金がほぼ同じ人たちがいたとしよう。飲みに行くのか、趣味に使うのか、あるいは自己啓発に投資するのかなど、お金の使い方は、

個人個人で全く違うはずである。自分としてのありたい姿やライフスタイルを充たすために、限られたお金の傾斜配分を行っているからである。まさに自分のビジョンに照らし、そこに到達するためにお金という資源を、どこに、どのように投資していくのかという「戦略」なのだ。

> **復習チェック**
>
> ① 戦略の目的を端的に言うと？
> ② 戦略とは何か？
> ③ 戦略とビジョンの大きな違いは？
> ④ 戦略と計画の大きな違いは？
> ⑤ あなたの日常生活の中で、「戦略」的な発想をしている事例を三つ考えてみよう。

第1章
戦略を作る前に

オープニングで「戦略」の意味を正しく理解したことだろう。まず第1章では、戦略策定において必要な、大枠の考え方を解説する。これからの道のりは簡単ではない。本書で大筋のロードマップをつかもう。

1-1
どのように戦略を策定するのか

　戦略作りは、非常に時間のかかる、骨の折れる作業だ。また、一人だけではできない。管理者からメンバーまで、全員の知恵と力を結集する必要がある。ここでは、戦略作りとはどんなものなのか、またどのようなプロセスで進めるのかを概説していこう。

この項目で学ぶこと

- □ 戦略作りの一律のパターンは存在しない。ある企業の成功事例をそのまま真似ても成功するとは限らない。
- □ 戦略策定とは、「判断」の愚直な繰り返しである。判断の源は、「問題解決能力」にある。
- □ 『孫子の兵法』の「敵を知り己を知らば百戦危うからず」は、ポジショニングの重要性を説いている。
- □ 戦略策定は「釣りの準備」に似ている。
- □ 戦略策定は「現状分析」「戦略オプション策定」「オプションの評価・絞り込み」「計画・アクションへの落とし込み」の4ステップをたどる。

戦略は、一律の手法では語れない

●唯一無二の「正解」はない

　オープニングで見てきたように、「戦略」という概念、それを考えるプロセス、必要なツール等は、非常に応用範囲が広い。それゆえに戦略は、一律の手法では語れない。

　戦略立案上のフレームワーク、分析手法、洞察の方法は数多く存在するが、戦略を描くために最も重要な論点、的確な論理などを明確にするための一律のパターン、方法論は存在しない。当然、唯一無二の「正解」もあり得ない。

　また、ある企業の成功事例をそのまま真似ても上手くいく確率は低い。既に過去のことであるし、なにより、採りあげた企業と自社とでは、様々な状況が違うはずである。置かれている競争ポジションや市場の状況といった外的環境も違えば、ヒト・モノ・金といった資源の状況、組織の風土・文化等の内的環境も全く異なるはずである。なによりも戦略や施策を実行するための土台である「現場力」は会社により千差万別である。

　「他社で上手くいったから自社でも」という発想には非常に注意しなければならない。参考にするためには、採り上げる企業が、当時どのような状況下でどのような課題や悩みを抱えていたのかということを、メディアなどで採り上げられている記事だけでなく、別の角度からも徹底的に調査・分析・深堀した上で（一番良いのはその会社にヒアリングを申し込む）、自社に適用し得るエッセンスや示唆があるのか、ないのかを検証していく必要がある。事例はあくまで事例なのである。

第1章　戦略を作る前に

優れた戦略を策定するには

●「判断」の愚直な繰り返し

では、戦略策定では、何を学ぶべきなのか？

戦略が優れたものになる最も重要なポイントは、自社にとって、あるいは自部門にとっての「本当の課題」を的確に判断することに尽きる。そのために下図のような様々な判断を積み上げていき、最終的に、何が最も重要な課題なのかを判断しなければならない。戦略策定プロセスとは、判断のための材料を用意し、判断を下し、また次の判断のための材料を用意し、また判断を下す…の愚直な繰り返しなのである。これを肌感覚として学び、身につけていく必要がある。

図1-1-1 戦略策定は「判断」の愚直な繰り返し

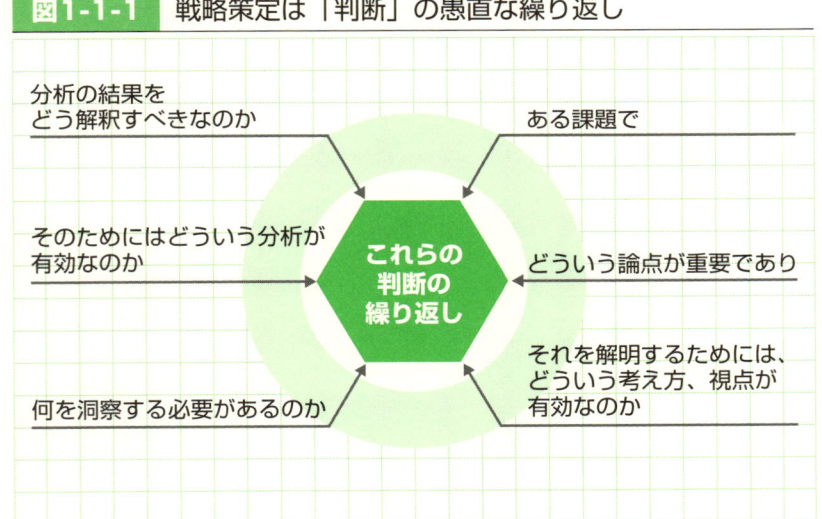

● 「頭を使い」「足腰を使う」

　戦略策定プロセスとは大きく二層構造になっている。言わば、「頭を使う部分」と「足腰を使う部分」である。

　前者は、すなわち判断の積み重ねである。頭を使わず、ひたすら情報を集め、ありとあらゆる分析にトライしても、自社の「本当の課題」は見えてこない。また、フレームワークのシートに必要事項を埋めても、自動的に「本当の課題」が出てくるわけではない。戦略策定プロセスにおいて、頭を使わないで済む工程は皆無である。

　例えば、世の中にはありとあらゆる情報が溢れかえっているが、判断のために必要な、あるいは役に立つ情報だけを取捨選択することが肝要である。そのためには何を判断しなければならないのか、何を明らかにしなければならないのかを常に意識しながら、効率よく情報収集をしなければならない。出来なければ情報の海に溺れている内に、時間切れとなってしまう。

　また、様々なフレームワークは、便利な道具ではあるが、あくまで道具であり、魔法の玉手箱ではない。自分が明らかにしたい論点があって、そのために道具をいかに活用していくべきか、そして出てきた結果が何を意味するのかを、知恵を絞って考え抜かなければならない。

● 「実際に数える」ことも重要

　後者の「足腰を使う」について説明しよう。情報収集・分析においては、頭を使うことは大前提ながら、とりあえず手足を動かしてみる心掛けも重要である。特に、判断に資するような有益な情報・分析は、机の前にジッと座り込んでいても出てこない。

　例えば、「実際に数える」ことが非常に有意義な発見につながる

こともある。「店頭の商品」「来店する人」「不良品」「伝票」「在庫」などの数を実際に数えることで、管理上の"乾いた数字"からは見えてこないことが見えてくることが多い。

その他、「インタビューする」「ヒアリングする」、「同行する」「観察する」、「マーケット調査する（街頭で、電話で、インターネットで…）」などにも、積極的に足腰を使ってトライしていくべきである。

分析においても、**とりあえず手足を動かしてみる、ことが思わぬ示唆につながる場合もある**。例えば、「グループ分けしてみる」「上下逆さにしてみる」「4〜5個詳細に見る」「パターンを調べる」などだ。

とはいえ、これらの作業を、延々と続けていては終わりは来ない。どの程度時間を割くのか、どこで止めるのかの「判断」は不可欠である。

図1-1-2 「頭を使い」「足腰を使う」

頭を使う	足腰を使う
・判断を積み重ねる ・情報を取捨選択する ・フレームワークなどの道具を上手に使う ・結果について熟考する	・数える ・グループ分けしてみる ・いくつか詳細に見てみる ・パターンを調べる ・ヒアリングを行う

判断力の源は、「問題解決能力」にある

● 判断力を磨くには

　このような戦略策定プロセスにおいて最も必要なのは、言うまでもなく「判断力」である。では、その判断力は、何からもたらされるのか？　別の言い方をすれば、何が重要なスキルなのか？

　答えは「問題解決能力」である。問題解決能力とは、あいまい、複雑、流動的な状況下で、問題・課題を的確に把握し、「大局的見地」から「現実的な」解決策を立案、説得、実行する総合的能力を言う。特に、戦略策定においては、下図の三つが重要である。

図1-1-3 戦略立案プロセスで重要な三つの問題解決能力

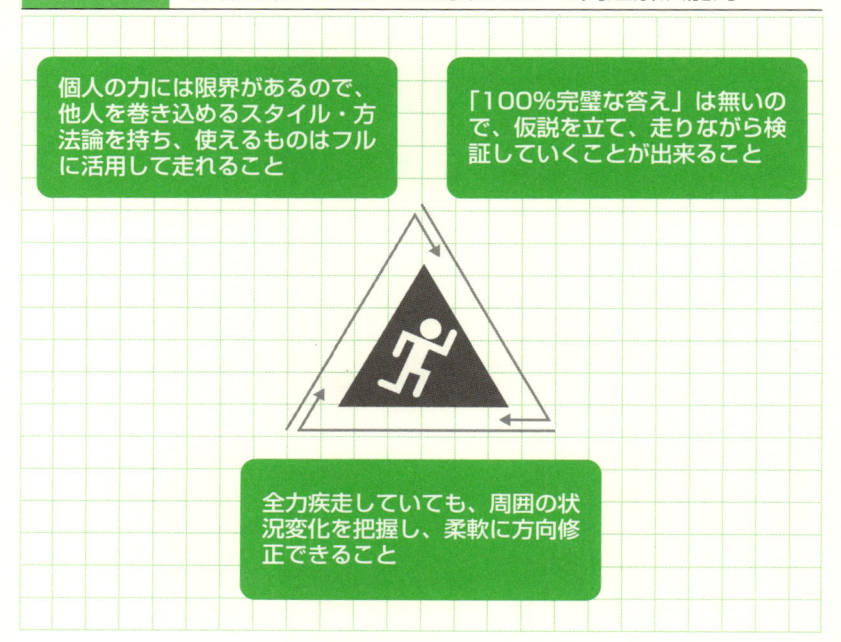

個人の力には限界があるので、他人を巻き込めるスタイル・方法論を持ち、使えるものはフルに活用して走れること

「100%完璧な答え」は無いので、仮説を立て、走りながら検証していくことが出来ること

全力疾走していても、周囲の状況変化を把握し、柔軟に方向修正できること

問題解決能力を鍛える「七つの当たり前のこと」

● **習うよりも慣れろ！**

では、どうやって問題解決能力を鍛えるのか？

問題解決能力の鍛え方については、ちまたに多くの「解説書」があり、諸説あると思うが、筆者としては、下図の七つの当たり前のことを実行すること、そして何よりも「習うより慣れろ」が最も重要かつ効果的だと考える。

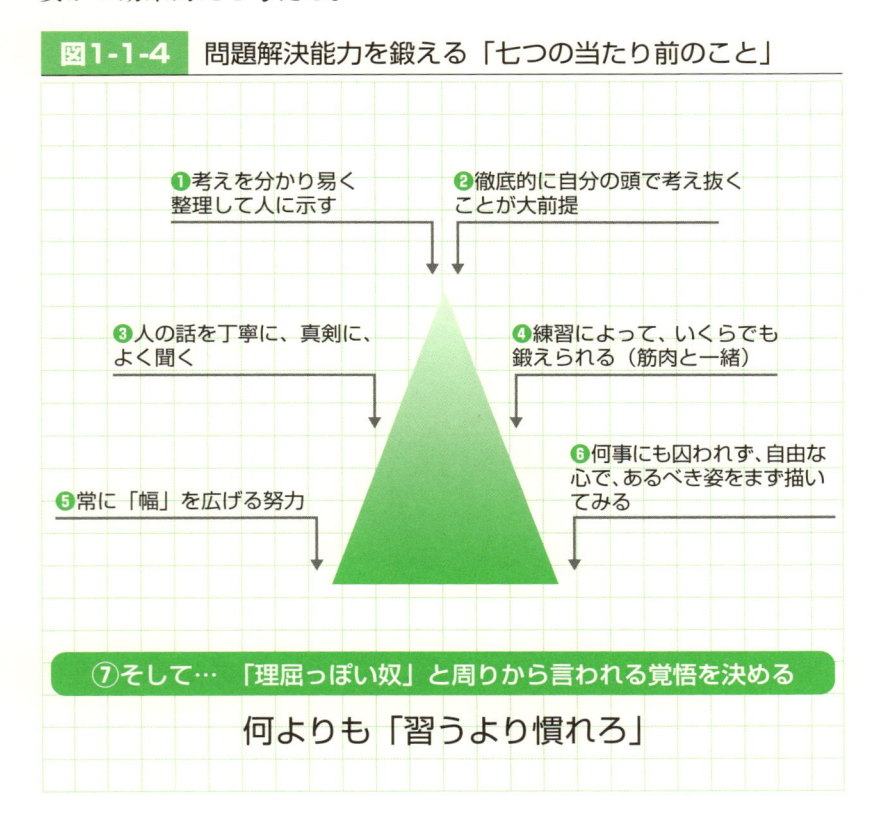

図1-1-4 問題解決能力を鍛える「七つの当たり前のこと」

❶ 考えを分かり易く整理して人に示す
❷ 徹底的に自分の頭で考え抜くことが大前提
❸ 人の話を丁寧に、真剣に、よく聞く
❹ 練習によって、いくらでも鍛えられる（筋肉と一緒）
❺ 常に「幅」を広げる努力
❻ 何事にも囚われず、自由な心で、あるべき姿をまず描いてみる
❼ そして… 「理屈っぽい奴」と周りから言われる覚悟を決める

何よりも「習うより慣れろ」

『孫子の兵法』に見る「戦略」

● 「自分のこと」と「外のこと」を知る

　古典的名著である『孫子の兵法』に「敵を知り己を知らば百戦危うからず」という言葉がある。まさに「戦略論」の普遍的な名言だが、**これは戦略策定の上で、ポジショニングの重要性を説いているのである。**

　「己」、すなわち「自分のこと」とは、自分が置かれている状況、自分の特徴（得意、不得意）である。昨今流行の「現場力」も、まさに自分のことであり、自社の現場力をきちんと理解することは、戦略を実現する場面だけでなく、戦略を描く段階から不可欠なのである。自社の現場力を的確に理解しておかなければ、戦略自体は描けても、いざ実行の段階になって機能しなくなる恐れもあるので、十分な注意が必要である。

　「敵」とは、直接的な競合だけではなく、戦場や敵に加担しそうな人あるいは自分に加担しそうな人などの外部環境一式、すなわち「外のこと」と解釈すべきだ。言い換えれば、自分が存在する場所、そこにいる人々、自分がお付き合いしている人々などのことである。

　自分のことを正しく理解すれば、おのずと自分が武器としていくべき能力（コンピタンス）や実行や実現に要する時間や難易度が見えてくる。外のことを正しく理解すれば、おのずと成功のための秘訣（KSF＝成功要因）が見えてくる。この二つのヒントを基に、自分としての優位性を創造、強化していく策を練るのが戦略策定なのである。

図1-1-5 『孫子の兵法』の名言

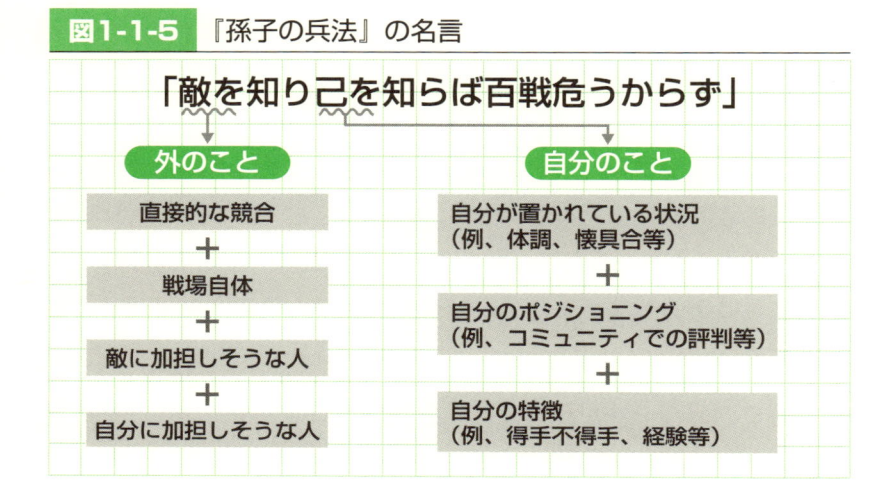

「敵を知り己を知らば百戦危うからず」

外のこと
- 直接的な競合
- ＋
- 戦場自体
- ＋
- 敵に加担しそうな人
- ＋
- 自分に加担しそうな人

自分のこと
- 自分が置かれている状況
  （例、体調、懐具合等）
- ＋
- 自分のポジショニング
  （例、コミュニティでの評判等）
- ＋
- 自分の特徴
  （例、得手不得手、経験等）

戦略は、「釣りの準備」

● 「釣りに行く」場合のプロセス

　ではいよいよ、戦略策定のプロセスの説明に入っていくが、その前に戦略策定をわかりやすく理解する方法として、ここでは釣りに行く場合を想像して欲しい。

　みなさんが釣りに行こうとする時、右ページの図のようなことを考えると思う。このような視点や検討は、まさに新規事業の戦略立案や投資判断に似ている。投資／リターンとその確からしさ・根拠を吟味し、ビジネスプランの魅力度を判断する。同時に、自社の方針や能力との整合性や背負うリスク等を吟味した上で、そのビジネスがもたらす自社への影響を判断する。そして最終的には、プランの魅力度や自社への影響を加味し、GO／No Goを意思決定する。

図1-1-6　「釣り」の戦略

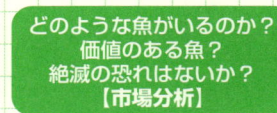

- どのような魚がいるのか？
  価値のある魚？
  絶滅の恐れはないか？
  【市場分析】

- 専門は投釣り？舟釣り？
  知識・経験は？
  【自社分析】

- どの餌がいいのか？
  どの辺りにいるのか？
  どの時間帯？
  【顧客分析】

- 同じ魚を狙っている人は？
  釣れているか？
  どんな餌・仕掛け？
  【競合分析・KSF】

「さあ、釣りに行こうか！」

- 釣れなかったらどうしよう？
  【不測の事態への対応シナリオ】

- 今からだと遠くには行けないな
  【選択と集中】

- 高いリールを買うべき？
  【投資とリターンの判断】

- 釣りが禁止になったら？
  池自体が干乾びたら？
  【環境構造変化】

- 自分が大漁だった場合、
  真似されにくくする
  ためには？
  【参入障壁・競合優位性】

- 投網・銛等を使う人が
  現われないか？
  【競争ルールの変化】

- 餌・道具はどこで
  どのように調達できるか？
  長続きするのか？
  【バリューチェーン分析】

第1章　戦略を作る前に

戦略策定の４ステップ

● 「現状分析」から「計画・アクションへの落とし込み」まで

以上見てきた戦略策定を、より実践的に作業に落し込むと以下のようなステップになる。

①現状分析

「敵を知り己を知らば」の部分である。もちろん、その目的は、前述の通り「自分のこと」と「外のこと」を正しく理解することにある。

②戦略オプション策定

次に、その理解に基づき、「百戦危う」くならないために、様々な局面を想定し、色々な作戦を練る。いわゆる戦略オプションを策定するステップである。

③オプションの評価・絞り込み

策定した戦略オプションの中から、柱となる戦略を選ぶステップである。

もちろん、外部や内部の状況は刻一刻と変わるものであり、現時点で選択した戦略が常に最適とは限らない。そのため、戦略オプションの中で、惜しくも選にもれた案も、そのまま永遠にお蔵入りではなく、戦略代替案として大事にとっておくべきである。すなわち、現在の戦略を選んだ前提となっている条件・状況は何なのか、逆にどのような状況になった時には、どのオプションがより適切になるのかを後々まで残しておく必要がある。

④計画・アクションへの落とし込み

　柱となる戦略を選んだ後は、実行を強く意識した具体的なアクションに、時間軸を踏まえて落し込んで行くステップである。このステップは、戦略策定プロセスの最後を締めくくる非常に重要なステップだ。

　戦略策定の最終目的は、あくまできちんと実行されること、それも個人ではなく、会社の組織のレベルとしてである。そのためには、「設計図」やシナリオだけでなく、ちゃんとHow toの部分までをセットで描いておく必要がある。「戦略策定」という字面に惑わされることなく、**実行までの道筋を具体的に示しておくところまでが、戦略なのだと肝に銘じて欲しい**。

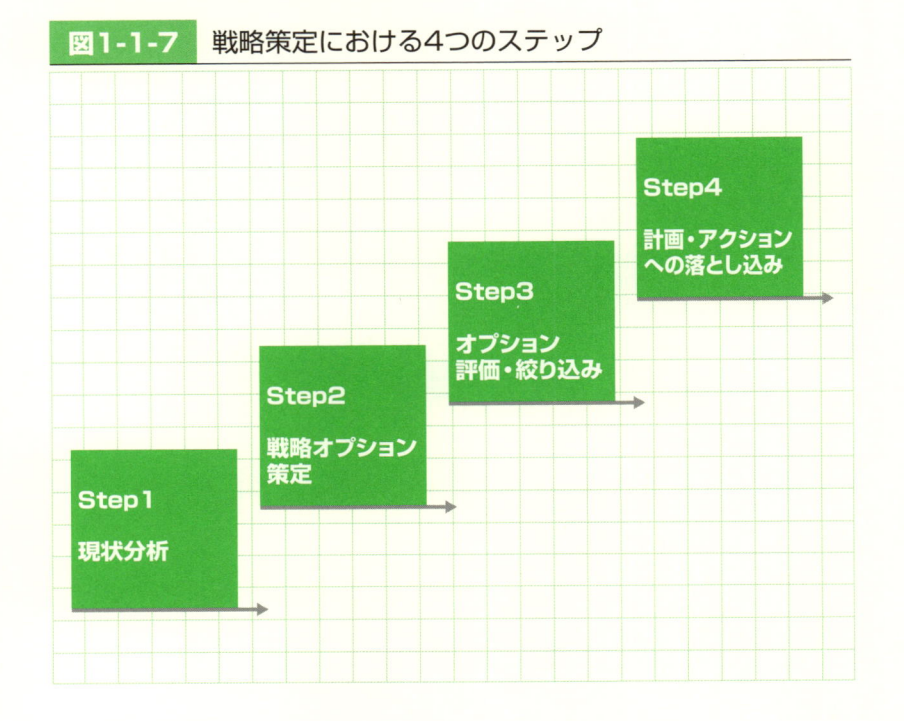

図1-1-7　戦略策定における4つのステップ

- Step1　現状分析
- Step2　戦略オプション策定
- Step3　オプション評価・絞り込み
- Step4　計画・アクションへの落とし込み

第1章 戦略を作る前に

復習チェック

以下の空欄を埋めよう。

① 戦略策定プロセスは、[　　　　　　]の繰り返し

② 問題解決能力を鍛えるには、以下の「七つの当たり前のこと」を実行すること。そして何よりも「習うよりも慣れろ！」
- 徹底的に自分の頭で[　　　　　　]ことが大前提
- [　　　　　　]によって幾らでも鍛えられる（筋肉と一緒）
- 何事にも囚われず、自由な心で、[　　　　　　]をまず描いてみる
- 考えを分かりやすく整理して[　　　　　]に示す
- [　　　　　　]を丁寧に、真剣に、よく聞く
- 常に[　　　　　]を広げる努力
- [　　　　　　]と周りから言われる覚悟を決める

③ 戦略策定とは、[　　　　　　]と[　　　　　　]を正しく理解し、自分が勝つための作戦を立てること

④ 戦略策定をステップで整理すると、
- [　　　　　]分析
- [　　　　　]策定
- [　　　　　]評価・絞り込み
- [　　　　　]への落とし込み　　となる

第2章
戦略策定ステップ①
現状分析

いよいよ戦略立案のメインメニューに入っていく。第2章はまず現状分析。簡単なように見えて正確さと慎重さを必要とする作業だ。この現状分析が中途半端だと、絶対によい戦略は作れない。

2-1
現状分析のポイント

　まずは現状分析の概要を確認しておこう。現状分析とはどんなものか、現状分析する上で大切なことは何か、現状分析ではどのように誤りがちなのか、そして現状分析の基本ツールとなるSWOT分析について簡単に解説する。

この項目で学ぶこと

☐ 戦略を作る上で、正しい判断を繰り返すためには、現状に対しての正しい認識が必要である。そういう意味でも、現状分析は必要不可欠である。
☐ 現状を正しく理解できている企業は意外に少ない。
☐ 現状を正しく理解するには、方法論・フレームワーク等を活用するなど、五つのポイントを押さえておくべきである。
☐ 現状分析自体が目的化していないだろうか？　常に目的を明確にして作業を進めるべきである。
☐ 現状分析は、基本的にSWOT分析で行うが、OT分析→SW分析の順に進めていくことが望ましい。

現状分析こそ戦略策定の第一歩

●なによりもまず「今」を知ること

　戦略策定というと、多くの方が「今後勝ち進んでいくためにどうすべきか」という「将来」のことを思い描くのではないだろうか。そして、「何をすれば勝てるのか」「業績向上には何をすべきか」といった、将来のアクションプランや計画について考えるのではないだろうか。これらは戦略策定に必要なことであり、そうしたことを考えること自体は間違いではない。しかし、実は**戦略策定においてなによりもまず重要なことは、自社や事業の「今」、つまり現状を正しく知ることにある**。

　前述の通り、戦略策定とは判断を積み重ねていくことだ。正しい判断を行うためには、現状に関しての正しい認識が必要となる。

　医者の仕事にたとえてみよう。不調を訴える患者の体調を治すための治療方針、治療方法やそのプロセス、必要な薬や投薬量を決定することが、医者にとっての「戦略策定」と言える。医者は、体の不調を訴える患者に対してまず問診をして症状を聞き出し、体温計や聴診器を使った診察を行って患者の「今」、そして体調不良の原因を知ろうとする。それでもまだ足りなければ、血液検査やレントゲン撮影等、様々な検査を行って真因を探る。そして体調不良の原因がはっきりわかったところでようやく、手術をすべきか、それとも投薬でよいのか。あるいはしばらく様子を見るべきなのかという治療方針を決める。要するに、医者は患者の現状を把握できなければ、治療はできない。治療方針を正しく決定するためには、徹底した患者の現状把握が欠かせないのだ。

現状を正しく理解できている企業は実は少ない！

●「思い込み」という大敵

　これほど重要な現状について、正しくかつ徹底して理解できている企業は非常に少ないのが現実だ。それはなぜか。

　多くの場合、それは経験則から来る思い込みや感覚から、知っている「つもり」、正しく理解できている「はず」になっているのである。通常、企業の経営者や現場で働く社員は、その業界なり事業なりで相応の経験を積み重ねてきている。従って、当然業界や事業に関しては相当なる経験、知識、ノウハウを持っている。しかし、そこに落とし穴がある。経験や知識があるからこそ、変化が進んでいてもそれに気付かず、自分の思い込みで現状を理解している「つもり」になってしまうのである。

●認識や理解のバラツキは的確な判断を妨げる

　当事者どうしで、認識や理解にバラツキがあるということも、多くの企業でよく見られるケースだ。例えば、営業担当者は製品がよくないから売れないと主張する。製品の企画開発担当者は営業がきちんと売らないから売れないと主張する。こうした議論になるのは、まさに「当事者の現状認識の違い」が原因である。これと同じような議論は誰しも経験があるはずだ。現状認識が異なる当事者同士でいくら議論しても、決して正しい判断は生まれない。つまり、正しい戦略にはたどり着かないのである。

● 本質をあぶり出すことが重要

　最近では多くの企業で、外部・内部環境分析の方法論やフレームワークが用いられているのも事実だ。にもかかわらず、正しい現状認識が行われていないことが多い。なぜか。話は極めて単純だ。つまり、**市場の構造が変わり、競争のルールが変わった、ということに対する分析が無いからだ**。このように、正しい現状認識に必要な項目や要素を十分にカバーせず抜けもれの多くなった分析や、物事の因果関係を十分に考察せずに表面的な分析に終始しているケースは数多い。世間でよく使われるようなフレームワークや方法論に沿って分析するだけではなく、物事の因果関係を深堀して理解する、正しい情報に基づいて分析する、何が本質的に重要なことなのかをあぶり出す、といったことが重要なのである。

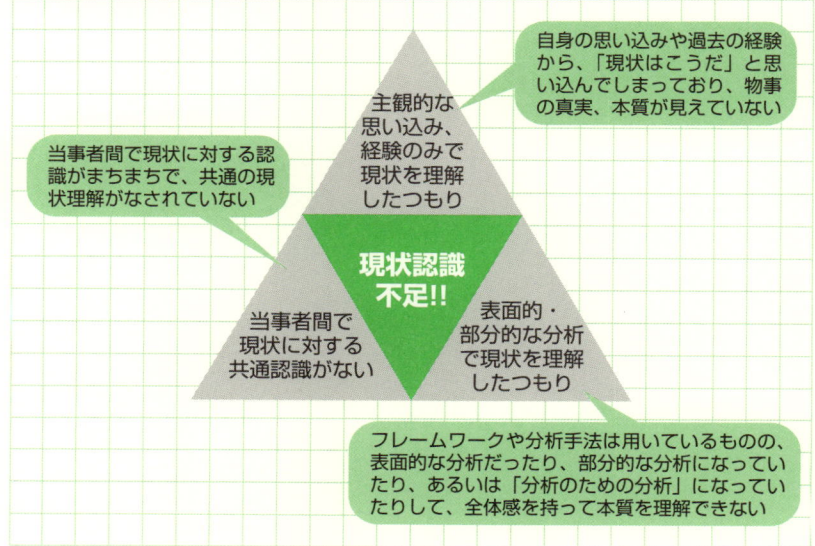

図2-1-1　現状認識不足の例

- 主観的な思い込み、経験のみで現状を理解したつもり
  - 自身の思い込みや過去の経験から、「現状はこうだ」と思い込んでしまっており、物事の真実、本質が見えていない
- 当事者間で現状に対する共通認識がない
  - 当事者間で現状に対する認識がまちまちで、共通の現状理解がなされていない
- 表面的・部分的な分析で現状を理解したつもり
  - フレームワークや分析手法は用いているものの、表面的な分析だったり、部分的な分析になっていたり、あるいは「分析のための分析」になっていたりして、全体感を持って本質を理解できない

中央：**現状認識不足!!**

第2章　戦略策定ステップ①　現状分析

正しい現状理解のための五つのポイント

●五つの要素を押さえる

　正しく現状を理解し、かつ当事者で適切に認識を共有するためには、まず現状分析の方法論やフレームワークについて、最低限押さえておくことが必要だ。

　しかし、単に方法論やフレームワークをなぞるように表面的な整理や分析をするだけでは「仏作って魂入れず」であり、正しい現状分析にならない。従って、方法論やフレームワークに加えて、**「ファクト（事実）の徹底的な収集」「収集したファクトの構造的・論理的な分析・理解」「因果関係と本質の理解」「関係者による突き詰めた議論」**の四つが欠かせない。従来の戦略策定に関する書籍では、方法論やフレームワークは仔細に解説がなされているが、それだけでは足りないのである。この点について、もう少し詳しく見てみよう。

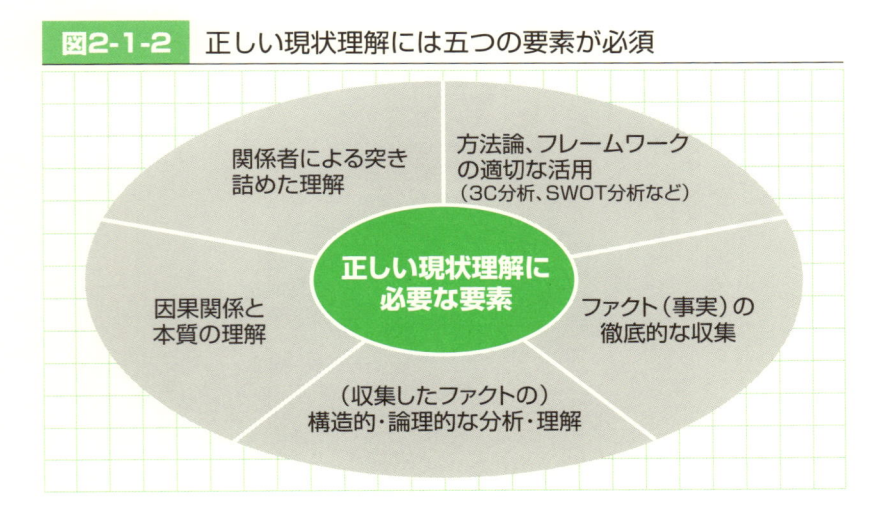

図2-1-2　正しい現状理解には五つの要素が必須

- 関係者による突き詰めた理解
- 方法論、フレームワークの適切な活用（3C分析、SWOT分析など）
- 因果関係と本質の理解
- ファクト（事実）の徹底的な収集
- （収集したファクトの）構造的・論理的な分析・理解

中央：正しい現状理解に必要な要素

良い現状分析と悪い現状分析

● 自社分析を「したつもり」？

　方法論やフレームワークは、それをなぞるだけでは正しい現状理解にならないと述べた。要するに、それを使えば自動的に戦略が作れるといった「打ち出の小槌」のようなものでは決してない。しかし、一方で最低限の方法論やフレームワークについて理解し、用いることは不可欠だ。さもなくば、正しく現状を理解するために必要な要素を見落としかねないからである。重要なのは、その使い方や、なぜそういう見方、考え方をするのか、ということだ。

　例えば、**3C分析**と呼ばれる考え方がある。3Cとは、「Company＝自社」「Customer＝顧客」「Competitor＝競合」のことである。つまり、自社、顧客、競合について分析するというフレームワークだ。

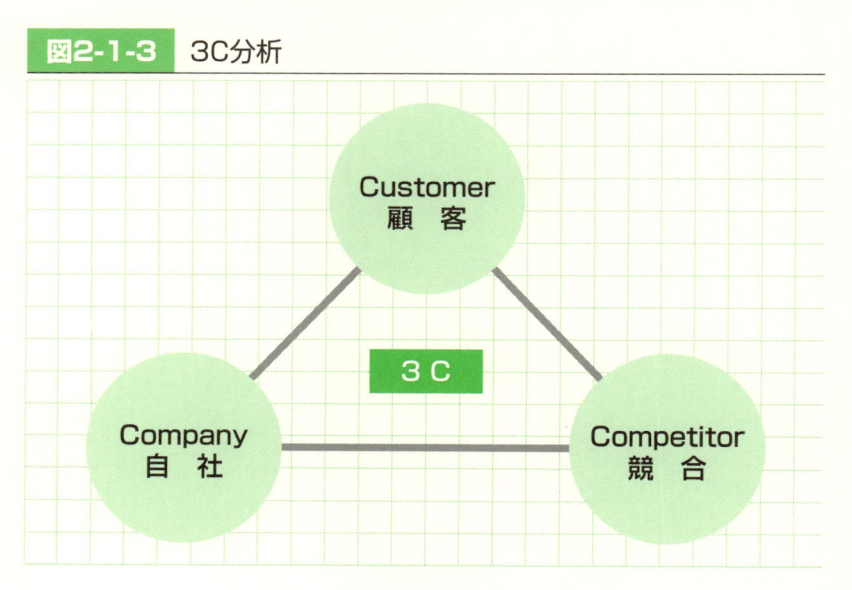

図2-1-3 3C分析

```
         Customer
          顧客

            3C

Company            Competitor
 自 社              競 合
```

筆者もよく、クライアントが作成した資料の中に3C分析を見かける。確かに自社、顧客、競合の視点から既述がなされているが、多くは合格点に全く達していない。なぜなら、たいていの場合、そこには表面的な記述しかなされていないからだ。

　例えば、53ページのような「分析」をよく見かけることがある。しかし、プロの目から見ると、**これは現状分析ではなく、単なる「記述」に過ぎない**。なぜなら、「結果」しか書かれていないからだ。図中に記しているとおり、ちょっと考えただけでも、これだけの疑問が生まれてくる。なぜか。戦略、すなわち「これからどうやって勝っていくのか」＝「いかに優位性を創造し、維持し、強化していくか」、そのためにどのように「選択と集中」をしていくべきか、そのシナリオを考えるためには、今書いたような質問に対する答えが必要だからだ。みなさんも、これらの記述だけでは、具体的にどういった戦略を取れば会社や事業が成長していけるのか、優位性を創造・強化できるのか、考えられないのではないだろうか。営業力を強化すべきなのか、コスト削減すべきなのか、シェアアップを図るべきなのか…。

　正しい「分析」を示したものが54〜55ページである。違いがおわかりいただけるだろうか。

図2-1-4　不適切な自社分析例

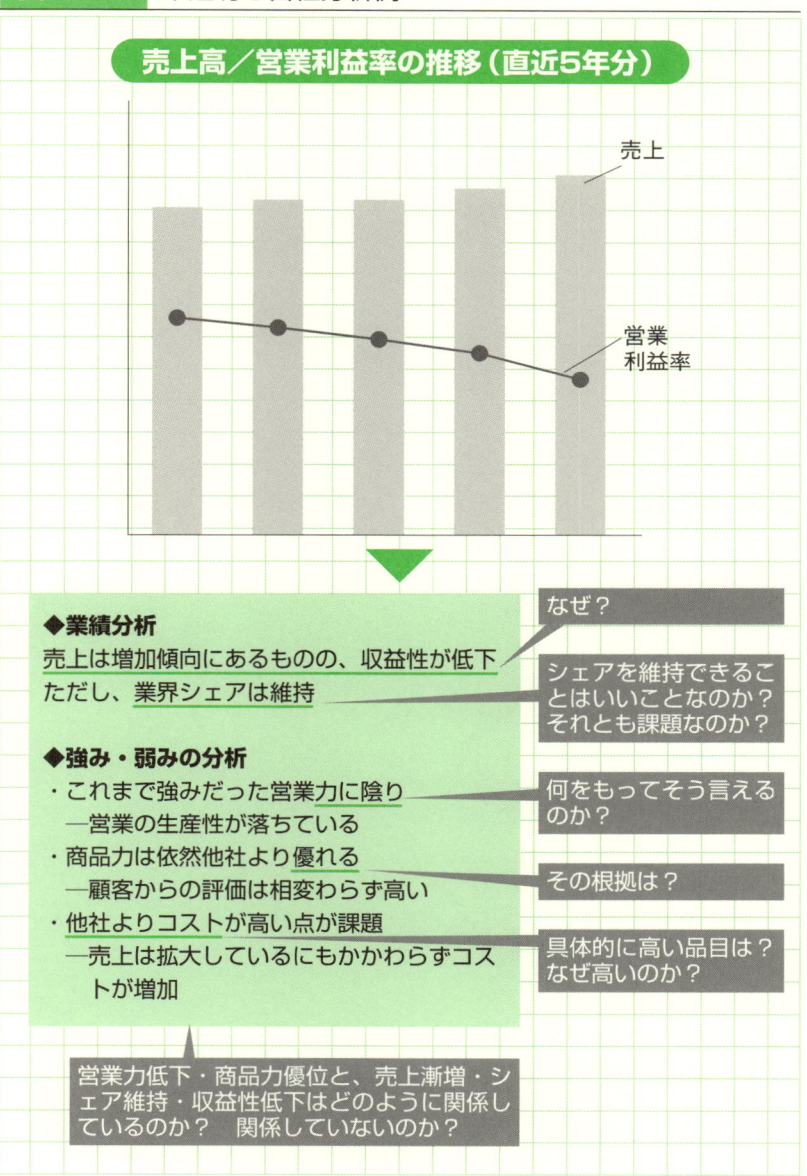

売上高／営業利益率の推移（直近5年分）

（棒グラフ：売上／折れ線：営業利益率）

↓

◆**業績分析**
売上は増加傾向にあるものの、収益性が低下
ただし、業界シェアは維持

◆**強み・弱みの分析**
・これまで強みだった営業力に陰り
　―営業の生産性が落ちている
・商品力は依然他社より優れる
　―顧客からの評価は相変わらず高い
・他社よりコストが高い点が課題
　―売上は拡大しているにもかかわらずコストが増加

- なぜ？
- シェアを維持できることはいいことなのか？ それとも課題なのか？
- 何をもってそう言えるのか？
- その根拠は？
- 具体的に高い品目は？ なぜ高いのか？

営業力低下・商品力優位と、売上漸増・シェア維持・収益性低下はどのように関係しているのか？　関係していないのか？

第2章　戦略策定ステップ①　現状分析

53

図2-1-5 適切な自社分析例

売上高／営業利益率の推移（直近5年分）

売上
営業利益率

市場規模推移（直近5年分）

売上
自社のシェア

業績分析
・売上は、シェア維持のために漸増傾向
　―市場規模自体は依然拡大

【構造的・論理的に分析され、因果関係が追及されている】

- シェア維持の大きな要因は、商品に対する顧客からの高い支持と、営業力に対する評価の2点
  ― 商品力は、機能性と価格のバランスが最も評価されており、競合と比較してもトップの支持
  ― 営業力は、こまめな訪問と深い製品知識が評価の大きな要因

【客観的な定性情報により根拠が明確】

顧客が当社を選ぶ理由トップ5
（顧客アンケート）

コストパフォーマンス／営業力／価格／ブランド／機能

（顧客コメント）
xxxxxxxxx
xxxxxxxxx
xxxxxxxxx
xxxxxxxxx
xxxxxxxxx
xxxxxxxxx

営業マンの年齢別顧客満足度
（顧客アンケート）

55歳以上／50〜55歳／25〜30歳／30〜35歳／40〜45歳

（顧客コメント）
xxxxxxxxx
xxxxxxxxx
xxxxxxxxx
xxxxxxxxx
xxxxxxxxx
xxxxxxxxx

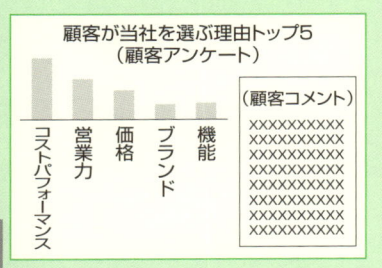

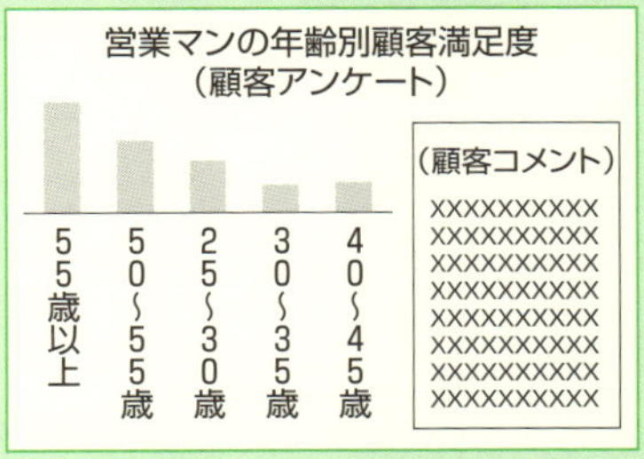

- 営業力は、経験・スキルの豊富な営業マンに支えられてきた
- しかし、多くが定年退職を迎えつつある中で、次世代の営業マンの経験、スキルレベルは低下傾向
  ― 中堅層に対する顧客満足度は低い
  ― 一人当りの売上、担当客数も中堅層が低い（社内データより）
  ― その結果、強みの一つである営業力は毀損が始まっている

【客観的な定性情報により根拠が明確】

- こうした中、現場では対応策として営業人員数増加を進めており、結果として人件費が増加、これが収益性を悪化させている要因の一つとなっている
  ― 営業の生産性（一人当たり売上高）が5年前に比べて大幅に低下（社内データより）

【客観的な定性情報により根拠が明確】

営業人員数と人件費比率の推移
（5年前と現在）

5年前／現在　営業人員数
5年前／現在　人件費・人件費比率

第2章　戦略策定ステップ①　現状分析

55

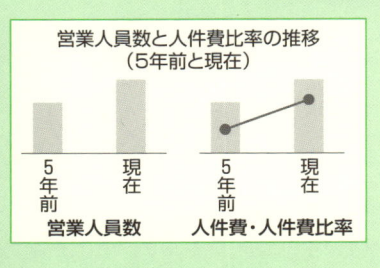

常に「目的」を明確に

●現状分析自体が目的化していないか？

　現状分析において最も重要なことは、常に「目的」を明確に意識し、その「目的」に向かって分析を進めていくことだ。「目的」とは、言うまでもなく「戦略の策定」、つまり「優位性を創造、確立し、強化していくためのシナリオを作ること、そのための選択と集中を明らかにすること」である。

　よく見受けられるケースは、現状分析自体が目的化したような分析結果だ。先に例にあげたような、フレームワークを用いて中身を「埋めた」だけの「分析」などはその典型だ。54～55ページで紹介した正しい分析の例は、「いかに優位性を生み出していくか、そのために何に選択・集中すればいいのか」を明らかにすることを強く意識した分析になっている。

　元々、これら方法論やフレームワークは、戦略を策定する、すなわち優位性を生み出していくための選択と集中の判断を下すために必要な「現状分析」を目的として生み出されてきたものだが、昨今ではそれら方法論やフレームワークが「一人歩き」してしまい、本来の目的が忘れ去られ、それ自体が「目的化」してしまっているように見受けられる。その結果が、表面的な分析、分析のための分析、といった結果につながっているのだろう。読者のみなさんも、こんなことがないか、改めて見直してみて欲しい。

　では、以上を踏まえた上で、実践的な現状分析の方法論について解説していくことにしよう。

現状分析の基本はSWOT分析

● OT→SWの順で分析する

　ここまでに何度も述べてきたように、現状分析の目的は、「戦略、すなわち優位性を構築し、強化していくための選択と集中のシナリオ」の策定のための「ヒント」を得ることである。そして、その「ヒント」を見出すための最も代表的なフレームワークが**SWOT分析**だ。SWOTとは、**自社の強み・優位性**（Strength）、**自社の弱み・課題**（Weakness）、**成長の機会**（Opportunity）、**自社の成長を阻害しうる脅威**（Threat）を指す。的確なSWOT分析を行うことができれば、たいていの場合、現状分析は十分である。

　では、具体的には何を分析していけばよいのだろうか。その企業の状況や戦略策定の対象範囲などによってその方法や考え方は様々であり、決して一つの正解があるわけではないが、一般的には、次のような考え方、方法論でSWOTを分析していくことができる。

　まずOT（成長の機会、成長を阻害しうる脅威）については、5フォース分析、ポジショニング分析、競合分析、KSF（成功要因）分析、顧客（消費者やユーザー企業）分析の5つが基本となる。

　そして、SW（自社の強み・優位性、弱み・課題）に関しては、業績・パフォーマンス分析、ポジショニング分析、マーケティング（4P）分析、バリューチェーン・ビジネスモデル分析、有形資産・無形資産・組織分析の五つが基本だ。

　ここで、SWOTなのになぜOT、SWの順で記述したのか、と疑問に思われる読者もいるかもしれない。これには意味がある。意味合いを考えれば明らかなように、SWは主に自社のこと、OTとは

市場や競合、顧客など主に外部環境に関することである。自社について的確に知るためには、そもそも外部環境について押さえていることが必要だ。第1章でも紹介した「孫子の兵法」をもう一度思い出して欲しい。「敵を知り己を知らば百戦危うからず」。孫子もまず「敵を知る」ことを最初に掲げ、続いて「己を知らば」としている。ここからもわかるように、現状分析、SWOT分析は、OT→SWの順に進めていくことが望ましい。

図2-1-6　現状分析の目的とSWOT分析

現状分析の最大の目的は、「戦略、すなわち優位性を構築し、強化していくための選択と集中のシナリオ」を策定するための「ヒント」を得ること。そのために、「己を知り、敵を知る」

| Strength
=
自社の強み
・優位性 | Weakness
=
自社の弱み
・課題 | Opportunity
=
成長の機会 | Threat
=
成長を阻害
しうる脅威 |

分析はこの流れで
SW分析 ← **OT分析**

- 業績／パフォーマンス分析
- 自社ポジショニング分析
- マーケティング（4P）分析
- バリューチェーン／ビジネスモデル分析
- 有形資産／無形資産／組織分析

- 5フォース分析
- ポジショニング分析
- 競合分析
- KSF（成功要因）分析
- 顧客（消費者、ユーザー企業）分析

58ページの図のように現状分析は、SWOT分析と、それを構成する10の分析が基本となる（なお、先に例にあげた3C分析の項目は、全てこの10の分析に含まれる）。ただし、繰り返しになるが、これらを押さえたからといって自動的に正しい現状理解ができるわけではない。これらはあくまでも視点、見方、考え方、分析の方法論にすぎない。常にその目的を忘れずに分析を進めていくことが重要である。そのためには、各分析それぞれの関係性や目的を徹底的に頭に叩き込んでおくことが必要だ。58ページの図を見て、ぜひ皆さんも徹底的に覚えておいて欲しい。

2-2
OT分析①「5フォース分析」

　さあ、いよいよここからが戦略策定の本番だ。まずはOT分析の最初として「5フォース分析」を解説する。「5フォース」は、マイケル・E・ポーター教授が提唱した、フレームワークの中でも最も有名なフレームワークだ。

この項目で学ぶこと

- □「5フォース」では、業界の競争環境は五つの要因（既存プレーヤー同士の競争、新規参入の脅威、代替製品・代替サービスの脅威、買い手の交渉力、供給者の競争力）に左右され、これらの要素のいずれかにおいて他を凌駕した企業が勝利する、というものである。
- □「5フォース」では、競争環境で勝利するには、他社との差別化戦略、コストリーダーシップ戦略、ニッチ戦略が必要になると説いている。
- □ 5フォース分析を行うときに心掛けたいのは、「機会と脅威は表裏一体であるということ」「現在だけでなく、将来的な機会と脅威についても分析する」ということである。

5フォース分析とは

●業界の競争環境を分析するためのフレームワーク

　5フォース分析とは、業界の競争環境を分析するための最も有名なフレームワークであり、機会と脅威を見出すための基本となる考え方である。業界の競争環境は五つの要因（**既存プレーヤー同士の競争、新規参入の脅威、代替製品・代替サービスの脅威、買い手の交渉力、供給者の競争力**）に左右され、これらの要素のいずれかにおいて他を凌駕した企業がその市場で勝利をおさめるとされる。そのためには**他社との差別化戦略**、高品質低価格・高コストパフォーマンスを実現する**コストリーダーシップ戦略**、特定領域で圧倒的な存在を目指す**ニッチ戦略**が必要になると説いている。

　5フォース分析では、自社を取り巻く五つの要因それぞれの現状や今後の見通しについて検討し、機会や脅威を明らかにしていく。

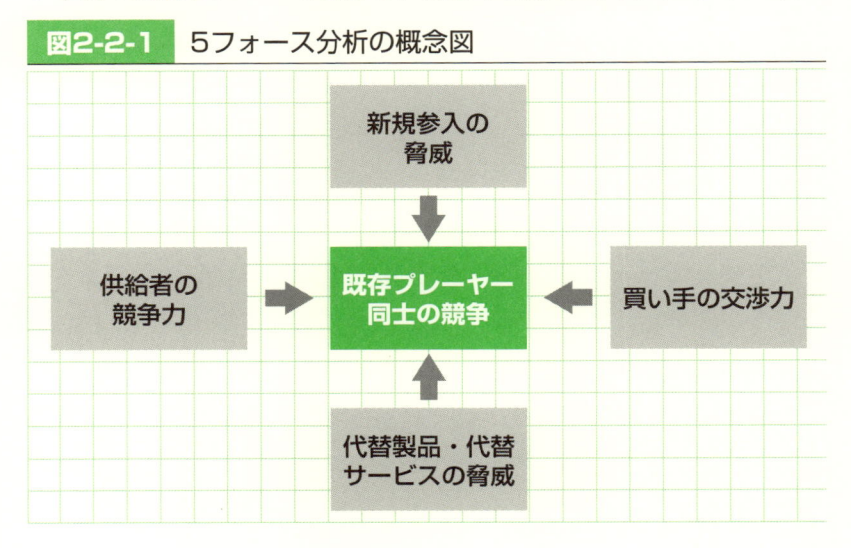

図2-2-1　5フォース分析の概念図

まず、業界の全体像を概観する

●大局的な分析にするために

　5フォース分析で五つの要因の分析に入る前に、まず分析対象となる業界の全体像を概観することを心掛けよう。全体像を見ずに5フォースを分析しても、大局的な分析ができず、大きな流れをつかめない可能性があるからだ。全体像を概観するに当たっては、市場規模の推移、業界のバリューチェーンやビジネスモデル、主要プレーヤー、主な顧客などについてざっと理解しておくとよい。バリューチェーンやビジネスモデル、主要プレーヤー、顧客については、後ほど競合分析や顧客分析、自社の分析などの項で詳しく触れるので、ここでは市場規模推移を中心とした、業界のマクロ的な動向を把握するコツについて簡単に説明しておく。

　自社が事業領域としている対象市場（もしくは新規参入を検討する領域の対象市場）が拡大傾向なのか、現状維持なのか、減少傾向なのか、といった基本的な傾向を見ることは基本中の基本である。通常、市場規模は金額で見ることが多いが、その場合には、**単価と数量に分けることも必要である。**特にここ数年は多くの業界で単価が低下したため、数量は大差なくとも市場規模が減少傾向であることが多いはずだ。しかしながら、直近では単価が増加傾向に転じた業界も出始めており、ここ数年とは傾向が変化する可能性がある。

　市場規模の分析で大切なのは、表面上の増減ではない。その背後にある、市場規模推移の「要因」「理由」を把握することが重要となってくる。

> 事 例

　菓子市場は全体では市場規模は減少傾向だ。これは、基本的には単価の減少と、少子化や健康志向の高まりに伴う購入者数や購入頻度減少による数量低下による。ここから読み取れるのは、少子高齢化は今後も継続するし、健康志向はますます高まるだろうから、菓子市場は今後も減少を続けるだろう、ということだ。

　しかし、菓子市場をチョコレート、ガム、米菓というように主なカテゴリーに区切ってその市場規模推移を見ると、実は、いくつかのカテゴリーでは市場規模が拡大していることがわかる。ビスケット／クッキーやガムでは、少しずつではあるが市場規模が増えているのだ。数量と単価で見ると、単価はやや増加し、数量も伸びている。これはなぜか。ビスケットやクッキーは、各社が低脂肪や栄養補給等の機能性を訴求した商品を投入したことにより、ビジネスマンやOL等が朝食や軽食代わりに購入するケースが増加したためだ。

　ガムも同様に、キシリトール等の機能性・健康志向訴求、大型パッケージの導入等により、デスクの上にガムを置いておき、仕事中に食べるという需要が増加して、単価と数量がいずれも伸びたのである。ここから読み取れることは、新たな顧客層の拡大による市場拡大の余地は十分にあるということ、また、商品性やパッケージの工夫によって単価を上げることも可能、ということだ。

図2-2-2　お菓子のカテゴリー別市場規模推移とその背景分析（例）

	2000年	2006年	増減率('00-'06)	背景分析（例）
チョコレート	3,165	3,051	△3.6%	・カカオ・ポリフェノール効果により、購買者数増加も、価格競争激化で単価下落
スナック	2,705	2,595	△4.1%	・健康志向の高まりを背景に、スナック商品の購入を抑制する傾向が継続
米菓	2,327	2,391	+2.8%	・"ぬれおかき"などの高品質菓子の好調な売れ行きにより、購買者数が増加
ビスケット／クッキー／半生商品	2,091	2,103	+0.6%	・低脂肪や自然食材など健康面を訴求した結果、幅広い年齢層の取り込みに成功
キャンディー	1,610	1,755	+9.0%	・シュガーレスキャンディーの登場により、女性層の取り込みに成功。購買者数が増加
ガム	1,161	1,229	+5.9%	・キシリトールや口臭予防など高付加価値型商品の台頭により、販売単価上昇に加え、購買者数増加
豆菓子	848	804	△5.2%	・商品開発技術が成熟しており、新商品に乏しい
ドライゼリー	308	219	△5.5%	・健康商品や高品質化といった動きがあるも、常態化した低価格競争が止まらない

出所：全日本菓子協会、富士経済、有識者インタビュー

●数字から読み取るべきこと

このように、市場規模を見るといっても、単に売上規模推移の数字を取ってきて数字にまとめればいい、ということではない。それはあくまでもスタート地点であり、そこから何を読み取るのか、ということが大事だ。では、何を読み取るべきなのか。それは、市場規模を分析する目的を考えればよい。目的は大きく次の三つだ。

- 自社の事業の継続性について確認する
- 自社がさらに成長する余地・ポテンシャルやヒントを見出す
- 自社の脅威となるものがないかどうかをチェックする

こうした視点から見れば、おのずと分析すべきポイントは見えてくるはずである。

例えば、先の菓子の事例で考えてみると、下図のようになる。

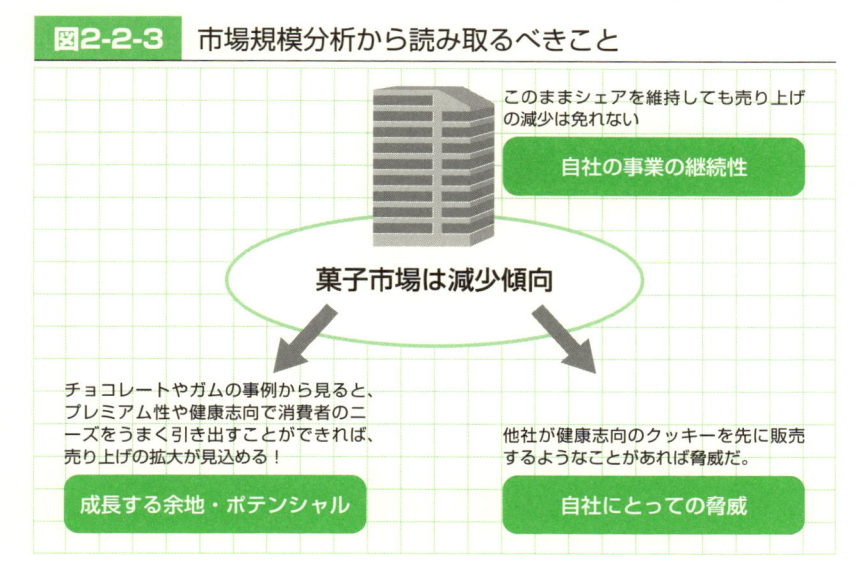

図2-2-3 市場規模分析から読み取るべきこと

菓子市場は減少傾向

- このままシェアを維持しても売り上げの減少は免れない
  → **自社の事業の継続性**

- チョコレートやガムの事例から見ると、プレミアム性や健康志向で消費者のニーズをうまく引き出すことができれば、売り上げの拡大が見込める！
  → **成長する余地・ポテンシャル**

- 他社が健康志向のクッキーを先に販売するようなことがあれば脅威だ。
  → **自社にとっての脅威**

● 「要因」や「理由」はどう読み取るか

どう読み取れば「要因」や「理由」を見出せるのか、という点についても説明しておこう。

①角度を変え、分解して分析する

まず、市場規模を様々な角度から分解して分析すべきだ。全体の傾向はもちろん、先に述べた単価と数量もそうだし、カテゴリー別、価格帯別、チャネル別、プレーヤー別、地域別等々。様々な切り口から分析することによって、なぜ市場規模が増えたのか、減ったのか、といったことが見えてくるはずだ。たとえ市場規模が増減していなくても、切り口を変えると、実は単価が減って数量が増えている、というようなことを発見できることがある。

②生の声を聞く

加えて重要なのは、できる限り市場の現場を知る人の「生の声」を聞くことだ。自社の営業担当者、マーケティング担当者等、社内の人間はもちろん、可能であれば社外の人間、例えば競合の営業、取引先の担当者、販売店の店長や店員など、実際に現場で働いている人々の生の肌感覚を幅広く集めることが有効だ。また、お店での消費者の購買行動や、友人・知人・会社の同僚の行動を観察してみるのも一つの手だ。そうした情報からは、数字を読み解く方向性を考える上では、非常に参考になる情報を得られることがある。もちろん、自分が日々の業務の中で感じていること、経験したこと、見聞きしたことも最大限活用すべきである。

単に数字を分析するだけでは、市場規模推移の背景にある「要因」や「理由」は見えてこず、意味のある分析はできない。客観性を求めるあまり、数字だけに依存した分析を行うことは危険だ。ファクト＝事実とは、実際にあなたが自分で見聞きしたものも含まれる。

五つの要因を分析する

●既存プレーヤー同士の競争

　市場・業界の全体像を概観したことで、いよいよ五つの要因についての分析に入る。

　「既存プレーヤー同士の競争」では、その業界におけるプレーヤー数やシェア、各プレーヤーの売上規模・利益率、ポジショニング、戦略などが主なポイントとなる。寡占市場で競争も限定的な市場なのか、それともシェアが分散していて競争が厳しいのか。そして、現在の競争状態が今後も続くのか、続かないのか。それぞれのプレーヤーの戦略はコストリーダーシップか差別化かニッチか、もしくはいずれにも当てはまらないのか、などである。

　例えば、アパレル業界はトップクラスの企業でも市場シェアは数％程度であり、非常に分散化した競争環境の厳しい市場だ。化粧品も多数のメーカーがひしめく市場である。一方で鉄鋼や自動車は、比較的シェアも固定的で、トップ企業が確固たるポジションを築いている市場だ。競争環境が激しくシェアが流動的であれば、自社にとっては脅威も大きいと同時に、シェアを伸ばす機会もあることになる。シェアが固定的で競争環境も比較的緩やかな場合は、逆に脅威も少ないかもしれないが、機会も少ないかもしれない。

　「既存プレーヤー同士の競争」において重要なのは、結果としての競争状況を把握するだけでは不十分だということ。寡占市場であっても分散市場であっても、またシェアが固定的でも流動的でも、なぜそうなっているのか、という要因を考えることが大切だ。例え

図2-2-4　五つの各要因・分析のポイント

要因	分析のポイント
既存プレーヤー同士の競争	・その業界におけるプレーヤー数 ・各プレーヤーの売上規模・利益率 ・各プレーヤーのポジショニング・戦略
新規参入の脅威	・新規参入の有無 ・参入障壁の有無 （初期投資コスト、顧客のスイッチングコスト、技術、規制）
代替製品・代替サービスの脅威	・代替製品の有無 ・技術革新の動向
買い手の交渉力	・各プレーヤーのバリューチェーン ・流通チャネルの変化 ・顧客の購買行動の変化
供給者の競争力	・技術革新の動向 ・新技術の研究開発の動向 ・供給元の業界再編の動向

ば、スケールメリットの有無、必要な技術水準の高低や技術革新の有無、顧客ニーズの多様性や変化、など、何が現在の競争環境を生み出しているのか、考えてみて欲しい。

このように、既存プレーヤー同士の競争を分析することは、まさにその業界の構造を分析することでもある。

●新規参入の脅威

「新規参入の脅威」においては、新たに市場に参入してくる企業がいるのかいないのか、いる場合には多いのか少ないのか、といったことが論点になる。新規参入の可能性は、参入障壁の有無がポイントとなるため、そうした視点での分析が必要だ。**初期投資、顧客のスイッチング（乗り換え）コスト、技術、規制**などが、一般的には参入障壁の高低を決める要素である。多額の初期投資がかかる、顧客のスイッチングコストが高い、特別な技術が必要とされる、規制で保護されている、といった基準に当てはまれば当てはまるほど、参入障壁はより高くなっていく。

例えば、自動車の完成車メーカーとして新たに市場に参入することは、多大な投資が必要となるため新規参入の障壁は高い。日本においては通信事業も規制が厳しく、容易に参入できる市場ではない。一方、化粧品やアパレルは初期投資も比較的少なくて済み、顧客のスイッチングコストも低く、特別な技術も必要とされないため、参入障壁は低い。参入障壁が高く新規参入の可能性が小さければ脅威も小さいが、逆に参入障壁が低く新規参入の可能性が高ければ、その分自社にとっても脅威が大きいことになる。

●代替製品・代替サービスの脅威

「代替製品・代替サービスの脅威」は、従来は競争環境に無かった製品やサービスが、技術的なイノベーションや用途転換などによって直接的な競合になる可能性を言う。

例えば、東京・大阪間の交通手段として、以前は新幹線と航空機は金額や時間、利便性といった点で住み分けられていたが、「のぞみ」登場後は要する時間に大差が無くなり、直接的な競合関係になってきた。また、CDは近年、音楽配信サービスに押されて売上は減少傾向だ。これもまた代替製品の脅威にさらされている典型例と言える。代替品の有無や今後そうした代替品が出て来るかどうかを予測することは容易ではないが、もしその可能性があればそれは脅威となる。

●買い手の交渉力

「買い手の交渉力」が強ければ、一般的には価格決定権が買い手に移り、自社にとっては脅威となる。

例えば家電業界では、ヤマダ電器に代表される家電量販店の存在感がますます強まっており、家電メーカーに対する家電量販店の交渉力は強まっている。価格決定権は家電量販店にシフトしてきており、家電メーカーは収益性の低下に苦しんでいる。一方で、鉄鋼業界を見ると、業界再編によってプレーヤー数が減少した結果、相対的に買い手である自動車メーカーの交渉力は低下した。そのため、従来に比べると価格決定権はやや鉄鋼メーカー側にシフトしてきており、鉄鋼メーカーの業績回復に一役買っている。このように、基本的には「買い手の交渉力」が強まれば脅威となり、弱まれば自社にとっては機会となる。

● 供給者の競争力

「供給者の競争力」も、「買い手の交渉力」と似ている。「供給者の競争力」が強ければ供給者側に価格決定権がシフトするため基本的には脅威であるし、弱ければ逆に自社が価格決定権を持てるため機会である。

例えば、先ほどの鉄鋼メーカーと自動車メーカーの例を、自動車メーカーの視点で考えてみよう。これまでは鉄鋼メーカー数は多く、調達先の選択肢が多かったため、自動車メーカーが価格決定権を持っていたが、鉄鋼業界再編の結果、供給者である鉄鋼メーカーの競争力が相対的に向上し、価格決定権が鉄鋼メーカー側にシフトした。さらに、近年では軽量で強度の強い鉄板やチタン合金等、一部の鉄鋼メーカーでなければ供給できないような製品に対する自動車メーカーのニーズも高まってきており、こうした点も、価格決定権がますます弱体化するという意味で自動車メーカーにとっては脅威になりつつある。

5フォース分析を行うときに注意したい二つのポイント

●機会と脅威は表裏一体

　機会や脅威の分析で、注意すべき点が二つある。一つは、機会と脅威は表裏一体ということだ。例えば、「代替製品・代替サービスの脅威」であれば、自社の商品を代替しうるものが登場することは一義的には脅威であるが、逆に考えてみれば、自社の商品をその代替商品市場に投入できる可能性もあり、そうした見方に立てばそれは機会ということになる。また、「買い手の交渉力」が強まることは一般的には脅威だと書いたが、これもまた逆転の発想に立てば、交渉力の強まった買い手との関係を強化できれば、逆に取引の安定や拡大につながる可能性があり、そうした見方をすれば機会とも取れる。

　多くの場合、**5フォースを純粋に分析していくと、脅威のほうが圧倒的に目に付きやすいが、脅威を何とか機会に変えられないか、という発想が重要だ。**

●今後の方向性を見通せ

　もう一つは、現在の機会と脅威に加えて、将来的な機会と脅威についても分析する、ということである。大切なことは、今後、競争環境がどう変化し、その結果としてどういった機会や脅威が生まれてくるのか、ということだ。そのためには、五つの要素について、今後の変化を考えなくてはならない。既存プレーヤーとの競争関係は今後も変わらないのか、新規参入は今後もないか、代替製品・代替サービスが登場する可能性はないか、などである。

2-3
OT分析②「ポジショニング分析」

　OT分析の二つめは、「ポジショニング」分析だ。市場の中で、自社と競合がどこに立っているのかを知ることはとても重要だ。また、そこに顧客はいるのか、まだ誰も立っていない場所に顧客がいるのではないか、ということを、視覚的に分析していく。

> **この項目で学ぶこと**
>
> ☐ ポジショニング分析とは、その市場における各プレーヤーの「立ち位置」を分析すること。
> ☐ ポジショニング分析では、通常、何らかの軸を二つ組み合わせ、マトリクス上にマッピングして行う。
> ☐ 「空白」領域は、機会になる可能性もあるが、顧客がいないなど、問題点もはらんでいるので、検証が必要である。
> ☐ 自社と競合とポジションが「かぶる」場合は要注意。
> ☐ 「戦略のポジショニング」の最もベーシックな方法は、売上高と利益率でマッピングするものである。
> ☐ 業界の切り分け方でポジショニングの見え方は変わる。
> ☐ ポジショニングも、変化するものである。

ポジショニング分析とは

●各プレイヤーの「立ち位置」を見る

　ポジショニングとは、その市場における各プレーヤーの「立ち位置」である。もう少し違う言い方をすると、「市場の中のどういった領域に軸足を置いて戦っているか」ということだ。

　通常、各プレーヤーのポジショニングは、何らかの「軸」を二つ組み合わせ、マトリックス上にマッピングして整理することが多い。どういった「軸」を組み合わせるかについては、定型的な方法論はない。**市場シェアや売上高、収益性、カテゴリー、チャネル、客層、価格帯、提供価値、地域などを試行錯誤して組み合わせ、意味のあるポジショニングマップを創り出すしかないのである。**

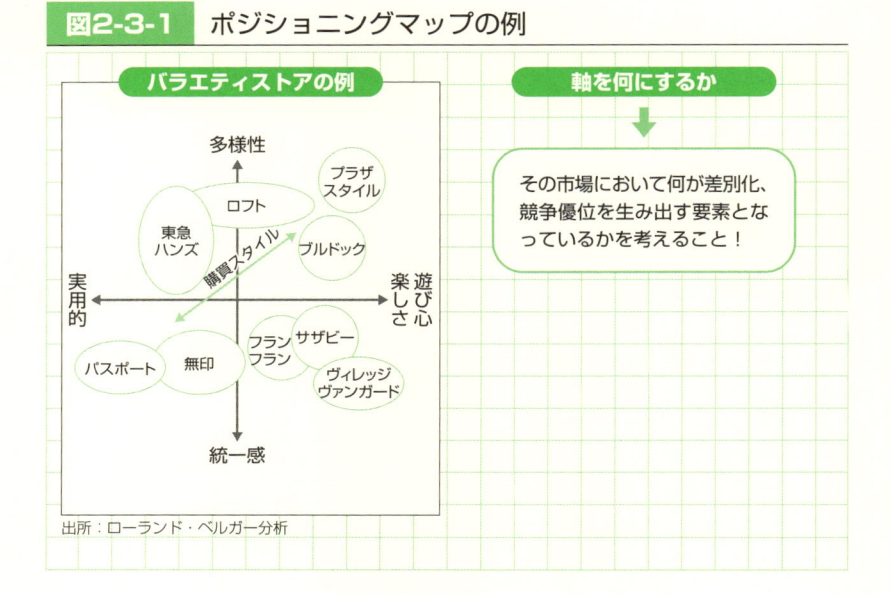

図2-3-1　ポジショニングマップの例

バラエティストアの例

縦軸：多様性 ⇔ 統一感
横軸：実用的 ⇔ 遊び心・楽しさ
購買スタイル

- ロフト
- プラザスタイル
- 東急ハンズ
- ブルドック
- パスポート
- 無印
- フランフラン
- サザビー
- ヴィレッジヴァンガード

軸を何にするか

→ その市場において何が差別化、競争優位を生み出す要素となっているかを考えること！

出所：ローランド・ベルガー分析

第2章　戦略策定ステップ①　現状分析

ポジショニング分析を行う目的は、各プレーヤーが軸足を置いている領域を明らかにすることによって、いまだ「空白」の領域があるのかどうか、自社と同じあるいは近い領域で戦っているプレーヤーがいるかどうか、といったことを明らかにすることである。適切なポジショニングマップが作成できれば、そのマップに基づいて自社の機会や脅威が議論できる。

●「空白」領域は機会になる可能性もあるが、検証が必要

もし誰も存在していない「空白」の領域が存在すれば、そこは自社にとって機会になるかもしれない。ただし、「空白」領域があるからといって、それ自体が即座に機会となるわけではない。**実際にはそこには顧客がいないのかもしれないし、そのポジショニングに**

図2-3-2 「空白」領域とポジションの「重複」

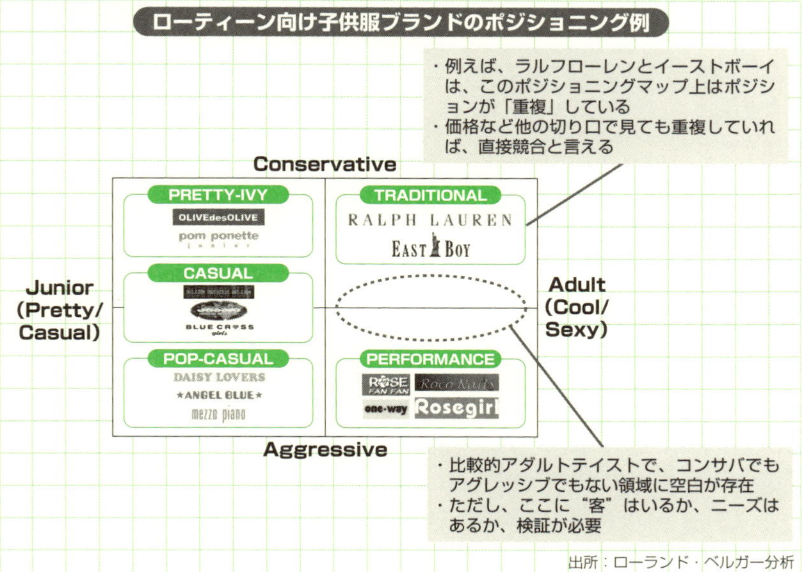

ローティーン向け子供服ブランドのポジショニング例

- 例えば、ラルフローレンとイーストボーイは、このポジショニングマップ上はポジションが「重複」している
- 価格など他の切り口で見ても重複していれば、直接競合と言える

Conservative / Aggressive
Junior (Pretty/Casual) / Adult (Cool/Sexy)

PRETTY-IVY: OLIVEdesOLIVE、pom ponette
CASUAL: BLUE CROSS girls
POP-CASUAL: DAISY LOVERS、★ANGEL BLUE★、mezzo piano
TRADITIONAL: RALPH LAUREN、EAST BOY
PERFORMANCE: ROSE FAN FAN、RoccoNails、one-way、Rosegirl

- 比較的アダルトテイストで、コンサバでもアグレッシブでもない領域に空白が存在
- ただし、ここに"客"はいるか、ニーズはあるか、検証が必要

出所:ローランド・ベルガー分析

立つと収益性や実現性の面で問題があるのかもしれない。

　そのため、それが本当に機会なのかどうかを検証する分析が必要だ。具体的には、なぜその領域が「空白」なのか、ということを調べるべきである。まず最初に見るべきは、そこに顧客はいるか、ということだ。顧客のニーズや購買行動、分布等を見て判断をしていくことになる。同時に、なぜ自社や競合がその領域に手をつけてこなかったのか、という点を考察していく。顧客が少ないからなのか、そこにニーズがないからなのか、その領域で戦おうとすると収益性が厳しいのか、技術的に難しいのか、など。そうした検証を経て、それが機会なのか否か、判断していく。

●自社とポジションがかぶる競合がいる場合は特に要注意

　また、自社が戦っている領域と同じ、もしくは近い領域で戦っているプレーヤーがいるのであれば、それは大きな脅威となる可能性がある。同様の領域で戦っているということは、そのプレーヤーとは十分な差別化ができていない可能性を示唆しており、早急に何らかの面で差別化を図らないと競争に負けてしまう可能性もゼロではない。特に、同様の領域にいる競合が自社よりも何らかの面で優位性を持っている場合には、その可能性は特に高くなる。

　さらに、現状ではポジションが「かぶる」競合がいないとしても、将来的には競合がポジションを変更もしくは新たにその領域に参入し、同じ領域で戦うことになる可能性もある。日本において、高級輸入車市場はメルセデスベンツやBMWといった海外ブランド間の戦いであったが、トヨタはそこにレクサスで殴りこみをかけ、同じ領域での競争を始めた。これなどは、わかりやすい事例だろう。

戦略のポジショニングを見てみよう

●売上高と利益率でマッピング

　ポジショニングを見る上で一つベーシックなものとして、「戦略のポジショニング」に触れておきたい。具体的には、5フォース分析の項で簡単に触れた、他社との差別化戦略、高品質低価格・高コストパフォーマンスを実現するコストリーダーシップ戦略、特定領域で圧倒的な存在を目指すニッチ戦略のいずれにポジションを置いているのか、ということである。

　これらを分析する最も簡単な方法は、**売上高と利益率を二軸にとって各プレーヤーをマッピングしてみる**ことである。一般的には、売上規模がトップクラスで利益率も高い「コストリーダーシップ戦略」企業、売上規模はそれほど大きくないが利益率の良い「差別化戦略」企業、売上規模は相対的にかなり小さいものの高利益率の「ニッチ戦略」企業と、それ以外の中途半端な売上で利益率の低い企業とに分かれる。

　こうした戦略ポジショニングも、自社にとっての機会や脅威を見出す一つの材料になる。例えば自社が中途半端な売上規模で利益率の低いポジションに位置していれば、それはすなわち戦略的な脅威が極めて高いことを意味している。コストリーダー企業や差別化企業、ニッチ企業との競争に負け続ける可能性が高いからだ。逆転の発想をすれば、コストリーダーを目指すのか、差別化を目指すのか、ニッチを目指すのか、そこには成長の機会が存在していることになる。また、自社がコストリーダー、差別化、ニッチいずれかにポジショニングできている場合でも、今後もそのポジションを維持しう

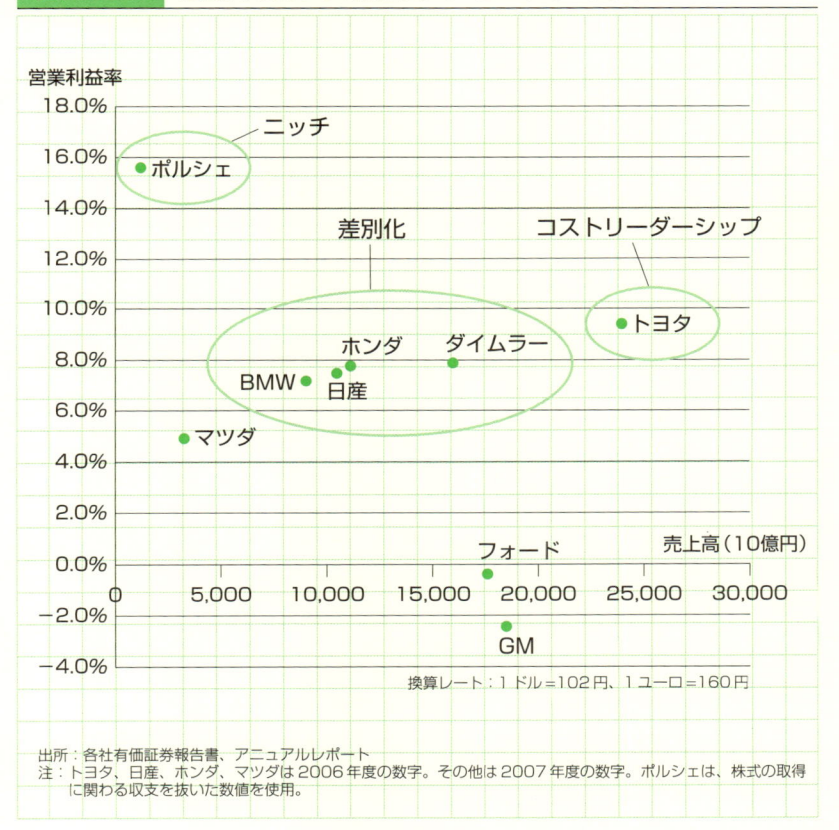

図2-3-3　自動車業界の戦略ポジショニングマップ

営業利益率

- ニッチ：ポルシェ（約16.0%、売上高 約2,500前後）
- 差別化：BMW、ホンダ、日産、マツダ、ダイムラー（5〜8%付近）
- コストリーダーシップ：トヨタ（約9.5%、売上高 約25,000）
- フォード：約0%、売上高 約18,000
- GM：約-2.5%、売上高 約19,000

売上高（10億円）

換算レート：1ドル＝102円、1ユーロ＝160円

出所：各社有価証券報告書、アニュアルレポート
注：トヨタ、日産、ホンダ、マツダは2006年度の数字。その他は2007年度の数字。ポルシェは、株式の取得に関わる収支を抜いた数値を使用。

るかどうか、もしくはポジションを変える余地があるかどうか、といった観点から、機会と脅威を見出していくことが可能だ。

●オーソドックスな型に当てはまらないこともある

さらに、業界によっては四つのタイプに企業が分かれないケースも少なくない。トップ企業の収益が低迷していたり、ニッチ企業が存在していないなどといったことがある。その場合も、機会と脅威

を見つけ出すヒントになりうる。例えば、業界自体が未成熟、もしくは衰退しているなど、市場全体のライフサイクル上の理由で、いわゆるオーソドックスな戦略が通用していないことが考えられる。つまり、一種の「下克上」「戦国時代」的な状況である。この場合には混沌とした業界環境の中で自社も業績が悪化していく脅威もありうるが、一方で一気に成長していく機会とも捉えられる。

図2-3-4　戦略ポジションが不明確な例

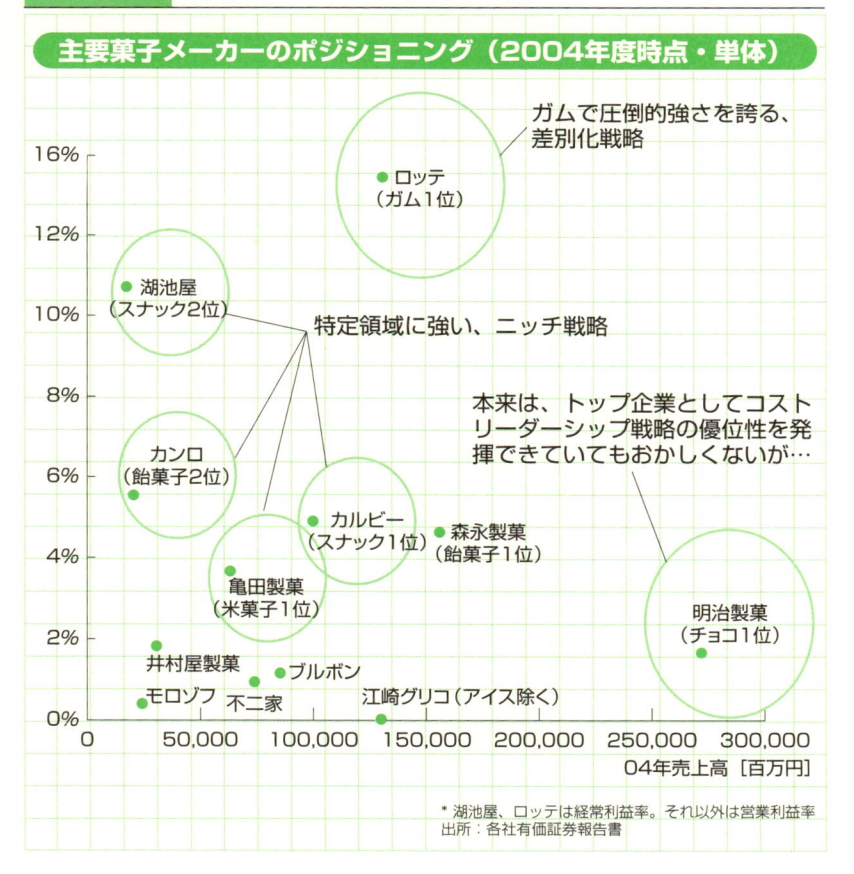

主要菓子メーカーのポジショニング（2004年度時点・単体）

- ロッテ（ガム1位）：ガムで圧倒的強さを誇る、差別化戦略
- 湖池屋（スナック2位）、カンロ（飴菓子2位）、カルビー（スナック1位）、亀田製菓（米菓子1位）：特定領域に強い、ニッチ戦略
- 明治製菓（チョコ1位）：本来は、トップ企業としてコストリーダーシップ戦略の優位性を発揮できていてもおかしくないが…
- 森永製菓（飴菓子1位）、井村屋製菓、モロゾフ、不二家、ブルボン、江崎グリコ（アイス除く）

縦軸：利益率（0%〜16%）
横軸：04年売上高［百万円］（0〜300,000）

＊湖池屋、ロッテは経常利益率。それ以外は営業利益率
出所：各社有価証券報告書

また、コストリーダシップ企業や差別化企業等、明確な戦略ポジションでこれまで勝ち続けてきた企業が、何らかの理由によってその戦略ポジションを失い始めているのかもしれない。自身の失敗や顧客ニーズの変化、新規参入企業からの攻撃など、その要因は様々なものが考えられるが、いずれにしてもその場合には自社にとっても機会、脅威それぞれが考えられる。また、コストリーダーシップや差別化、ニッチといったポジションの企業がいなければ、自らがそうしたポジションを目指していく機会があることになる。

　また、業界によっては、こうしたオーソドックスな優位性が成立しづらいこともある。**例えば飲食業界、ヘアサロン業界などでは、一般的に売上規模が大きいほど収益は低下する傾向がある**。すなわち、業界自体、そもそもコストリーダーシップ戦略が成立しづらいのだ。

　どういった状況であるにせよ、何が要因となってオーソドックスな戦略が通用しない状況になっているのか、という点をきちんと分析していくことが、機会と脅威の把握には必要である。

> **ワーク**　あなたが働く業界について、自社、競合のポジショニングを、利益率、売上高の座標にプロットしてみよう。

戦略のポジショニング分析を行うときのポイント

●業界の「切り方」でポジショニングの見え方は変わってくる

　戦略のポジショニングを分析する上でいくつか留意すべき点について、述べておきたい。まず、どういった業界の「くくり」で分析するかによって、戦略的なポジショニングも変わってくる。例えば、菓子業界というくくりで見ると、ロッテの売上高はトップから大きく離れた2番手、3番手集団だが、利益率は非常に高く、これだけを見ると「差別化戦略」と考えられる。実際、ガムに非常に強く、特定の商品領域に特化した戦略で勝利をおさめていると言える。次にガム市場というくくりでみると、ロッテは圧倒的なシェアを誇っており、ここでは「コストリーダーシップ戦略」が当てはまる。

　このように、**業界や市場のくくり方を変えることによって、その企業のポジショニングも変化する。**なぜなら、ポジショニングとは相対的なものだからである。従って、分析を進める際にどういったくくり、切り口で市場や業界を区切るか、ということは非常に重要になってくる。

●戦略のポジショニングも変化する

　先ほどから何度か、将来の見通しも考えよう、と述べているが、戦略のポジショニングにおいてもそれは同様だ。つまり、現状でコストリーダーシップ戦略、差別化戦略、ニッチ戦略を取っている企業であっても、未来永劫その戦略が当てはまるかどうかはわからない、ということである。

　まず、競争環境や企業自体が変化する中で、競争力を失う可能性

があり、そうなれば戦略的なポジショニングも変わってしまう。コストリーダーだった企業が2番手以下に落ちる可能性もあるし、その逆もまたしかりである。

次に、「差別化戦略」や「ニッチ戦略」を取っていた企業が、業界トップに躍り出て「コストリーダー」になる可能性もある。これは、当初「差別化」や「ニッチ」を攻めることによってトップ企業とは異なるポジショニングを築いていた企業が、その後成功を重ねていく中で、次第にメジャーになっていき、結果としてその企業が業界のトップとなった結果、「コストリーダー」になる、ということである。以前の日本の自動車メーカーは、世界規模で見れば「ニッチ」もしくはせいぜいが「差別化戦略」のポジショニングであった。しかし、時代とともに市場は安くて高品質、低燃費、高い耐久性という日本車の良さを認め、次第にそれが市場のニーズの大半を占めるようになっていった。その結果、日本車は世界の自動車市場でシェアを拡大し、当初の「ニッチ」「差別化」というポジショニングから、「コストリーダー」としてのポジショニングに移行したのである。

また、市場のライフサイクルの変化に応じて戦略のポジショニングは変化しうる。成長期から成熟期、衰退期へと移り変わる中で、それまでコストリーダーシップ戦略で成功したきた企業が衰退し、代わって「差別化戦略」や「ニッチ戦略」を取る企業が勢力を増してくることがある。

こうした将来的な見通しについても、十分考察をしておくことが望ましい。今日の「コストリーダー」が明日も「コストリーダー」であるとは限らないし、今日の「ニッチ」企業や「差別化」企業が、明日には「コストリーダー」になっているかもしれないのである。

2-4
OT分析③「競合分析」

　OT分析の三つめは「競合分析」だ。競合の強み・弱みについて、大きく五つの観点で分析していく。ライバルは具体的にどのような点で自社より勝っているのか、また劣っているのか、これらを分析することで、これからの打ち手が見えてくるのである。

この項目で学ぶこと

☐ 競合分析で重要なポイントとなるのは、「自社にとって新たな競合が出てくるかどうか」「競合の強み・弱みは何か」の二点である。
☐ 競合の強み・弱みを分析する視点は「業績／パフォーマンス」「ポジショニング」「マーケティング」「バリューチェーン／ビジネスモデル」「有形資産・無形資産・組織」の大きく五つである。
☐ 競合の強み・弱みが自社にとって脅威・機会になりうるかどうかを考えるときにチェックすべきなのは、業界の成功要因（KSF）と関連が強いかどうかという点である。

競合分析で行うこと

● 競合の強み・弱みを分析する五つの視点

　機会と脅威を抽出するという観点から捉えると、競合分析では、**「自社にとって新たな競合が出てくるかどうか」**と**「競合の強み・弱みは何か」**という点が特に重要なポイントとなる。

　前者の「新たな競合が出てくるか」という点については既に説明した。一つは5フォース分析で出てきた「新規参入の脅威」「代替製品・代替サービスの脅威」、もう一つはポジショニング分析で触れた、「新たに競合が自社のポジションに移動・参入してくる脅威」である。

　後者の「競合の強み・弱み」については、競合の強みは脅威であり、弱みは機会という捉え方ができる。「弱みにつけ込む」という言葉があるが、まさにその言葉どおりである。

　競合の強み・弱みを分析する視点は、112ページ以降で説明する**自社の強み・弱み分析（SW分析）**と基本的には同じなので、具体的な分析方法についてはそちらを参照していただくとして、ここでは簡単に視点、考え方に触れておこう。

　①業績／パフォーマンス

　業績の推移や財務諸表、各種の業績指標といった、その企業の全体的なパフォーマンスを表す指標・数値の分析である。企業の強みや弱み、特徴の多くは、こうした数字面に表れることが多く、分析の基本となる。競合の数値を業界平均値や最良値（ベストプラクティス）、自社の数値と比較することによって、その競合の業界における優劣、自社との比較における優劣を明らかにできる。

図2-4-1 競合分析の視点

業績／パフォーマンス分析	業績、財務諸表、その他各種の指標の絶対値や推移、他社との比較
ポジショニング分析	競合の市場におけるポジション分析
マーケティング（4P）分析	商品、価格、プロモーション（販促・広告宣伝）、流通チャネルにおける特徴、優位性、弱み、他社との比較
バリューチェーン／ビジネスモデル分析	バリューチェーンやビジネスモデルにおける特徴、優位性、弱み、他社との比較
有形資産・無形資産・組織分析	資金や不動産等の有形資産の状況、優位性、弱み ブランド力、取引関係、顧客基盤、知的財産、技術力、ノウハウ等の無形資産における優位性、弱み 組織体制、会社の風土や文化、仕組み等の組織に関する優位性や弱み

②ポジショニング

ポジショニングとは、既にポジショニング分析で触れたように、そのプレーヤーが市場のどういった領域に軸足を置いて戦っているのか、ということであり、領域を定義する軸は様々である。

③マーケティング

ここで分析するのは、商品、価格、プロモーション（広告宣伝・販促）、流通チャネルのいわゆる「マーケティングの4P」であり、それぞれにおいて他企業や自社と比べてどういった特徴、優位性、弱みがあるか、ということである。

④バリューチェーン／ビジネスモデル

　バリューチェーンとは「価値連鎖」のことで、製品やサービスが作り出されてユーザーに届けられるまでの流れを言う。例えば、自動車メーカーのバリューチェーンであれば、「研究開発」「部品調達」「製造」「物流」「マーケティング」「販売」「アフターサービス」といった流れになる。サービス業であれば、「商品・サービス企画」「マーケティング」「販売」「提供」などとなる。バリューチェーンは業界や企業によって異なるので、まずそれを特定し、その上でそれぞれの項目について、業界他社や自社と比較して、特徴や強み・弱みを分析していく。

　ビジネスモデルは、単純に言えば「どのようにして稼ぐか」ということである。つまり、誰に、どんな付加価値をどのように提供し、その対価として誰からどのようにお金を取るか、を指す。同じ業界であっても、ビジネスモデルに違いがあるケースは少なくない。

⑤有形資産・無形資産・組織

　最後に有形資産・無形資産・組織である。有形資産とは資金や不動産などのように、経営や事業運営に投入する資源のうち、形のあるものを指す。無形資産とは、資源の中でも文字通り形のないものであり、ブランド力、取引関係、顧客基盤、知的財産等を言う。組織は人材や組織体制、会社の風土や文化、仕組みなどを指す。それぞれについて、競合が強みをもつ点、弱い点を整理していく。

　重要なことは、いずれの項目についても、強みや弱みはあくまでも相対的なもので、絶対的な基準に照らして優劣を判断するようなものではないということだ。上記の各点について、競合をその他の競合や自社と比較することによって、初めてその競合の強み・弱みが明らかになるのである。

競合の強み・弱みを、どのように機会や脅威として分析するのか

●ポジショニングと成功要因（KSF）がポイント

　競合の強みや弱みが、自社にとってどの程度の機会や脅威となるか考えるときにチェックすべきポイントは、競合のポジショニングと自社の強み・弱みとの関係、そして業界の成功要因（KSF）との関係である。

　仮に自社と同様もしくは類似したポジショニングの競合が、ある要素で自社以上の強みを持っていれば、それはある程度重要な脅威と捉えられる。しかも、その要素が業界のKSFならば、インパクトはさらに大きい。立場が逆なら、それは自社にとって競合をやり込める絶好の機会になりうる。

　一方で、**ポジショニングがかぶらない競合の強み・弱みや、業界のKSFとはあまり関係のないような要素において競合が強み・弱みを持つときは、特段の機会や脅威とはならない。**

　このように、競合の強み・弱みが機会や脅威にどのように関係してくるかは、相対的なものだ。従って、自社と競合とポジショニングがかぶるのかどうか、またその強みや弱みが業界のKSFと関係しているのかどうかということに、常に留意しておくことが必要である。

> **事例**
> 　トヨタ（レクサスを除く）とメルセデスベンツの例で考えてみよう。両ブランドはそもそも価格帯や提供価値といった面でポジショニングが異なっており、そのためお互いにとってお互いの強み・弱みは直接的に機会や脅威にはつ

ながりづらかった。しかし、これがレクサスとメルセデスベンツになると話は別だ。両ブランドのポジショニングは、高級車セグメントという切り口においては同じであり、直接的な競合となる。こうなると、それぞれの強み・弱みはそれぞれの機会や脅威に大きな影響をもたらしかねない。高級車セグメントにおいては「商品の品質」や「ブランド力」はとても重要だが、レクサスは「品質」に強みを持ち、「ブランド力」ではまだまだ弱い。一方メルセデスベンツは近年「品質」に弱点を抱えるものの「ブランド力」はまだまだ衰えていない。レクサスにとってメルセデスの「ブランド力」は脅威だが、一方で「品質」においてはメルセデス追撃の機会が十分ある。逆にメルセデスにとってはレクサスの「品質」は大いなる脅威だが、「ブランド力」という観点ではまだまだレクサスの挑戦を退ける機会は十分残されている。

●状況は変化する

ただし、現在では直接ポジショニングがかぶっていない競合でも将来的には同じポジショニングになる可能性もある。また現在では業界のKSFとは直接関係のない要素でも、将来的にはそれが業界での成功を左右する要因になるかもしれない。そういった意味では、たとえ直接ポジショニングがかぶらない競合であっても、またKSFに関係のない要素であっても、将来の見通しには十分配慮しておくべきだ。さらに、競合や自社の強み・弱みは将来的には変化していく可能性が高い。将来の機会や脅威まで見出しておくという点においては、現在の競合の強み・弱みが、それぞれどうなっていきそうなのか、つまり、強みは維持されるのか、あるいは失われていく可能性があるのか、また弱みを克服してくる可能性があるのか、もしくはさらに弱体化する可能性があるのか、という観点からの分析も欠かせない。

2-5
OT分析④「成功要因（KSF）分析」

　最近急成長している企業、また長年業界トップを走り続ける企業などには、必ず成功要因（KSF）があるものだ。ここでは、それら勝ち組が何を持って勝利しているのか、その要因を探る分析を解説していきたい。

この項目で学ぶこと

☐ 成功要因（KSF＝Key Success Factor）とは、業界において勝利している企業が勝利に至った要因、成功のカギのことを言う。
☐ KSF分析では、まず最初に、成功企業の戦略的なポジショニング分析から始めるとよい。
☐ KSFは単体で考えるものではなく、競合・自社の強み・弱みと組み合わせて考えるべきである。
☐ 業界の必要要件を磨き上げることで、KSFとすることもできる。
☐ KSFも時の流れとともに変化する。

成功要因（KSF）分析とは

●勝利のカギは何か

　成功要因（KSF＝Key Success Factor） とは、業界において勝利している企業が勝利に至った要因、成功のカギのことを言う。勝利している企業には、必ず何らかの競争優位性が存在する。一般的には、5フォース分析の項で述べたような、コストリーダーシップ、差別化、ニッチのいずれかの優位性を構築しているはずだが、その優位性が何によってもたらされているのか、という優位性の「源泉」こそがKSFであり、それはすなわちその業界におけるKSFということになる。

> **事　例**
>
> 　例えば、プラザスタイル（以前のソニープラザ）というお店がある。プラザスタイルはいわゆるバラエティストアと呼ばれるカテゴリーのショップで、食品から文具、服飾雑貨、化粧品に至るまで、非常に幅広い品揃えで、特に若年層の女性から絶大なる信頼を得て成功している。小売業界という視点で見れば、プラザスタイルは「差別化戦略」で優位性を構築しており、バラエティストア業界という視点で見れば、「コストリーダーシップ」という点に優位性があると言える。では、KSFは何か。それは、消費者に「あそこに行けば楽しい」「何か面白い物が見つかる」「ちょっと暇つぶしに寄ってみよう」「通りがかりに覗いてみよう」と思わせるような品揃えを実現する調達力・目利き力と、常に魅力的な店頭を維持する店舗オペレーション能力である。そして、これらの調達力・目利き力や店舗オペレーション能力は、「雑貨が大好き」「何か面白いもの、新しいものを見つけるのが好き」という人材や、調達先のネットワークによって支えられている。

KSF分析の進め方

●KSF分析は現状分析の中でも最難関の一つ

　実は、KSFの分析は大変難易度が高い。我々プロのコンサルタントでもそう簡単な仕事ではない。しかし、それは当然だろう。簡単にKSFがわかるのであれば、企業はみな勝者になっているはずだ。分析の上達にはただひたすら訓練あるのみ、なのである。

　KSF分析では、まず最初に成功企業の戦略的なポジショニングの分析から始めるとよい。まず、売上と利益率を二軸として、業界のプレーヤーをマッピングしてみる（76ページ参照）。

　好業績企業の戦略的なポジショニングを特定したら、次にそれが何によって実現しているのか、という点を考えてみよう。わかりやすい考え方は、「他社と比較してその企業の何が顧客に受けているのか、何が評価されているのか」という観点だろう。いわゆる、提供価値という考え方だ。「コストリーダー」であれば、高いコストパフォーマンスや絶対的な信頼感、ブランド力、高い品質などが考えられるし、「差別化戦略」や「ニッチ戦略」であれば、他社にはない独自性や独創性、価格やデザイン、機能など何か特定の領域で他社に対してダントツの評価を得ているはずである。

　そして、その提供価値が、具体的にその企業の「何」によって実現しているのか、という点を分析する。これは、競合企業の強み・弱みを分析する視点を参考にするとよい。マーケティング、バリューチェーン、ビジネスモデル、有形資産・無形資産・組織といった側面から、何が提供価値を生み出す原動力となっているのか、ということを考えていくのだ。

事 例

　BMWの例でKSF分析の流れを確認してみよう。

　まず、BMWは自動車業界の中では「差別化戦略」で成功している企業である。そして、顧客から評価されている提供価値は、「駆け抜ける喜び」に集約された、走りを楽しめるクルマ、運転を単なる移動の時間ではなく、喜びにあふれた時間にするクルマ、という点にある。

　こうした提供価値は、これを具現化する商品を企画・開発して演出する巧みなマーケティング能力・商品開発力・ブランドマネジメント能力に支えられている。さらに、「駆け抜ける喜び」こそが自分たちの譲れない絶対的な価値観であるということが徹底された組織・人材もまた、彼らの成功を支える要因だ。

　BMWは、直列6気筒エンジンにこだわり続け、FR（後輪駆動）方式にこだわる稀代のメーカーである。しかし、これは「駆け抜ける喜び」を実現するためには、実は非常に重要な要素なのである。専門的な解説は省略するが、振動バランスに優れた直列6気筒エンジンはレスポンスに優れ、モーターのように回るため、操作性に優れると同時に「回して気持ちのいいエンジン」を作りやすい。またFR方式では、操舵と駆動力の伝達をそれぞれ前輪と後輪が受け持つため、操縦性に優れるとされている。他メーカーは、エンジンの生産効率向上や室内空間確保のために、V型エンジンへの転換やFF車への移行を進めてきた。しかし、BMWはそうした世の流れとは一線を画し、自らの存在意義である「駆け抜ける喜び」を実現する、ただその一点のために、直列6気筒、FR方式にこだわり続けているのである。

　これらは卓越したマーケティング能力だけではなく、社員全員がBMWの存在価値、提供価値を自覚し、そこに徹底的に執着し続けているからこそ成り立っている。単に効率性や合理性を追求すれば、決してこうはならない。そういった点で、BMWのKSFとしては、マーケティング能力やブランドマネジメント能力はもちろん、組織・人材面も、極めて大きな要素なのである。

第2章　戦略策定ステップ①　現状分析

KSFは単体で考えるものではない

●強み・弱みと合わせて考えていくもの

　KSFは、競合の強みや弱み、自社の強みや弱みと組み合わせて初めて機会や脅威を見出すヒントになる。実は、競合分析の項で既にこの点については触れている。つまり、KSFに相当する要素において競合が強みを持ち、かつ自社が弱みを持っていれば、それはすなわち脅威である。一方で、逆にKSFに相当する要素において自社が強みを持ち、競合が弱みを持っていればそれは機会になる。このように、KSFは単体で機会や脅威を考えるのではなく、自社や競合の強み・弱みと組み合わせて考えていくものだ。

図2-5-1　成功要因（KSF）分析の流れ

	ポジショニングの特定	提供価値の明確化	KSFの抽出
考え方	・KSFを分析する対象企業の戦略的なポジショニングを考える ―コストリーダーシップ ―差別化 ―ニッチ	・分析対象企業のポジショニングを支える具体的な提供価値が何なのか、考える ―コストパフォーマンス ―信頼性 ―独創性 ―機能性…	・左記の提供価値を実現している要因、根源的な要素＝KSFを抽出する ―マーケティング ―バリューチェーン ―ビジネスモデル ―有形・無形資産、組織
BMWの例	・差別化戦略	・「駆け抜ける喜び」に集約された、走りを楽しめるクルマ	・「駆け抜ける喜び」を絶対的な価値観として共有している組織

KSF分析で留意すべき二つのポイント

●KSFと必要要件

　ここで、KSFについて重要な二つの留意点に触れておきたい。

　まず、必要要件との関係だ。それが満たされていなければそもそもその業界で事業を展開することは難しい、というものだ。例えば航空業界や鉄道であれば安全性や正確性、ホテルであれば部屋等の設備と最低限のサービスは必須だ。

　必要要件は、当然それ自体ではKSFとはなり得ないが、磨き抜くことによってKSFにまで高めていくことは可能である。他社より圧倒的なレベルに達すれば、それ自体が差別化要因、成功要因となる。リッツ・カールトンのKSFの一つは、徹底したホスピタリティの精神とそれを反映した最上級のおもてなし、それを実現する人材教育や組織、仕組みである。高級ホテルではこれらは必要要件とも言えるが、リッツ・カールトンはそこを極めることによって、それ自体を差別化要素とし、KSFとしている。

●KSFも変化する

　KSFも、時間の流れとともに変化していく可能性がある。従来、自動車業界では、コストパフォーマンスの高い自動車を生み出せる開発力や生産・物流等の機能、もしくは高いブランド力を維持できるマーケティング力や企画力がKSFであった。しかし、昨今の環境意識の高まりの中、環境対策技術の有無が次第に新たなKSFになりつつある。ハイブリッドシステムをいち早く実用化したトヨタは、この点でも業界トップを走っている。

2-6
OT分析⑤「顧客（消費者、ユーザー企業）分析」

　顧客は、機会や脅威を分析する上で非常に重要な要素だ。ここで言う顧客とは、自社の製品やサービス（商品）を最終的に購入して消費・利用する消費者や企業（ユーザー企業）を指す。ここでは、代表的な分析の視点や手法について説明を進めていきたい。

この項目で学ぶこと

☐ 顧客を「機会・脅威」の観点で見ていくと、主要な9個の小論点に整理される。

☐ 顧客には、自社既存顧客、競合顧客、潜在顧客、ターゲット外顧客がある。

☐ 顧客に関する機会・脅威を読み取るときは、「基本属性」「価値観」「ライフスタイル」「ニーズ」「購買行動」の五つの視点を活用したい。

☐ 消費者・顧客をセグメントし、自社の提供価値との関係を見ておく必要がある。

☐ 顧客分析の観点には、「新しい顧客獲得の可能性」「離反の脅威」「既存顧客の購買頻度・金額向上余地／低下の脅威」がある。

顧客分析の目的は何か

●9個の論点に分解できる

　具体的な視点や手法に入る前に、まず顧客の観点から、どういった機会や脅威がわかるのか、全体像を整理しておこう。主な論点は大きく4つだ。これが下図のような9個の小論点に分解できる。

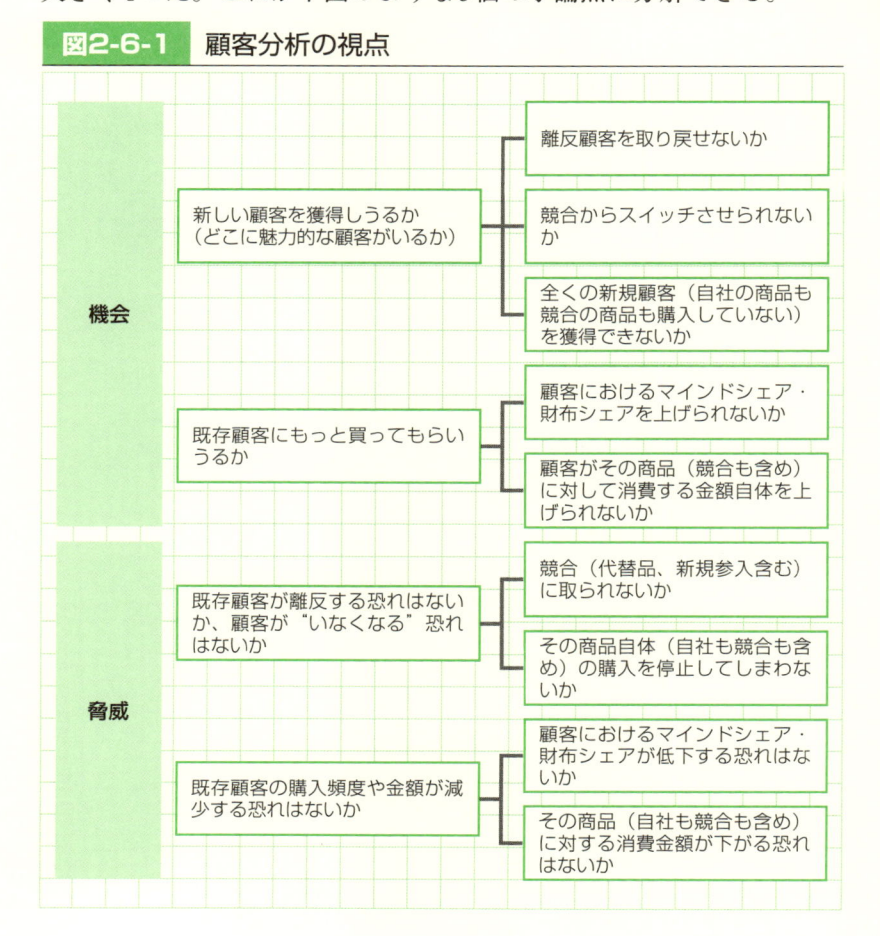

図2-6-1　顧客分析の視点

大論点	中論点	小論点
機会	新しい顧客を獲得しうるか（どこに魅力的な顧客がいるか）	離反顧客を取り戻せないか
		競合からスイッチさせられないか
		全くの新規顧客（自社の商品も競合の商品も購入していない）を獲得できないか
	既存顧客にもっと買ってもらいうるか	顧客におけるマインドシェア・財布シェアを上げられないか
		顧客がその商品（競合も含め）に対して消費する金額自体を上げられないか
脅威	既存顧客が離反する恐れはないか、顧客が"いなくなる"恐れはないか	競合（代替品、新規参入含む）に取られないか
		その商品自体（自社も競合も含め）の購入を停止してしまわないか
	既存顧客の購入頻度や金額が減少する恐れはないか	顧客におけるマインドシェア・財布シェアが低下する恐れはないか
		その商品（自社も競合も含め）に対する消費金額が下がる恐れはないか

第2章　戦略策定ステップ①　現状分析

まず顧客の構造を整理してみよう

●顧客をどう捉えるか

　これら9個の小論点に対して、その可能性の有無を検証していくことが顧客分析の最大の目的である。そのためには、まず顧客をどう捉えるべきか、その構造を整理しておく必要がある。

　一般的に、消費者市場全体をベースに考えると、その中に**自社の既存顧客**、**競合顧客**が存在し、また現状では自社及び競合の顧客ではないものの潜在的に顧客になりうる**潜在顧客**、そして潜在的にも顧客にはなりえない**ターゲット外顧客**によって全体が構成されている。また少し違った見方をすれば、**自社の元顧客（離反顧客）**が、競合顧客や潜在顧客の中に混ざっている。

　先ほどの小論点を検証するに当たっては、上記の枠組みを常に念頭に置いておくとよい。つまり、「新しい顧客獲得の可能性」とは、競合顧客と潜在顧客、場合によってはターゲット外顧客について分析し、新たに自社顧客にしうるかどうかを検証すればよい。「離反の脅威」に関しては、自社既存顧客と実際の離反顧客を中心に分析することで検証が可能だ。「既存顧客の購買頻度・金額向上余地」や「既存顧客の購買頻度・金額低下の脅威」については、同じく自社既存顧客を中心に分析を行えばよい。

図2-6-2 市場全体と顧客の考え方

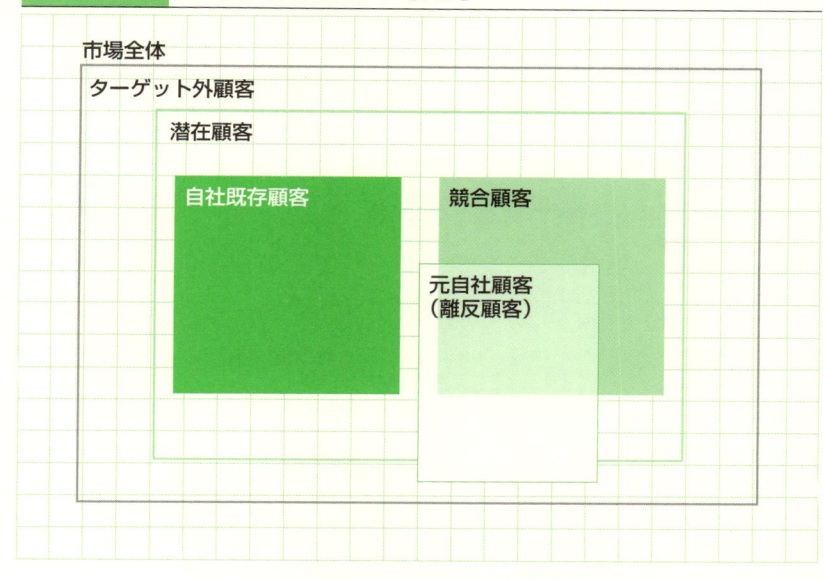

市場全体
ターゲット外顧客
潜在顧客
自社既存顧客
競合顧客
元自社顧客（離反顧客）

顧客について理解するための五つの視点

●何がわかれば機会や脅威が読み取れるか

　では、自社既存顧客や離反顧客、競合顧客、潜在顧客等について、何がわかれば機会や脅威を読み取ることができるだろうか。たいていの場合、次の五つの視点を活用すれば十分なはずだ。五つとは、「基本属性」「価値観」「ライフスタイル」「ニーズ」「購買行動」である。一つずつ簡単に説明していこう。

●基本属性

　基本属性は、最も馴染み深いものであろう。性別、年齢、職業、

居住地、収入、家族構成など、客観的に特定できる消費者の特徴である。基本属性で顧客を捉えることは、基本中の基本であり、最もわかりやすい。例えば、「20代・30代首都圏在住の独身男性」とか、「50代・60代で子供は独立し、夫婦二人暮し」など、読者のみなさんも様々な場面でご覧になったことがあるはずだ。

しかし、よく言われるように、近年は消費者の消費行動が多様化してきており、同じ属性の消費者であってもニーズや消費行動が異なるということがごく当たり前になってきた。そこで、最近では基本属性だけではなく、価値観やニーズ、購買行動といった視点も組み合わせることによって顧客の特徴をつかんでいく方法が一般的になっている。

●価値観

価値観とは、消費者が一般的に持つ、消費に対する考え方、志向のことを言う。先進的な考え方を持っているのか、それとも伝統的・保守的な考え方を持っているか。社会や環境との調和を大切にすべきだと考えているのか、刺激的・快楽的な楽しみを欲しているのか。または社会的に認められていることにこそ価値を見出すのか。このように、消費者の価値観は様々であり、その定義の方法に確たる基準はない。世の中には、消費者の価値観を捉えるためのフレームワークや方法論が既に数多く出回っているので、詳しく知りたい方は専門書をご覧いただきたい。我々ローランド・ベルガーにおいても、消費者の価値観を可視化して捉えるための手法を開発している。巻末260ページに掲載しているので参考にしていただきたい。

● ライフスタイル

　ライフスタイルは、消費者がどういった生活様式を好むか、という視点である。具体的な項目としては、趣味や余暇の過ごし方、興味関心のあること、日々の生活で何を大切にしているか、といったようなものがあげられる。先に述べた価値観とややかぶる部分もある。

　例えば、アウトドア派、インドア派といった区別は比較的わかりやすいだろうし、最近ではロハス、ボボスといったライフスタイルにあこがれる消費者も少なくない。

● ニーズ

　ニーズや購買行動は、価値観よりはもう少し具体的だ。ニーズとは、消費者が企業や商品に対して求める便益や機能、具体的な付加価値のことである。価値観と関係が深いが、価値観が普遍的で抽象的であるのに対し、ニーズは特定の企業や商品に対する具体的な要求である点が異なる。

　例えば、「品質重視」という価値観があるが、これが自動車であれば、安全性、耐久性・壊れにくさ、高い走行性能、といったように、より具体的ないくつかのニーズに細分化・具体化される。化粧品であれば同様に、「品質重視」という価値観が、効果が高い、保存がきく（品質が変化しない）、容器の耐久性が高い、などといった具合に具体化される。さらに、効果といっても様々な効果があり、アンチエイジング、美白、乾燥肌対策等、人によって求めるものが違ってくる。

　このように、ニーズはいくつかのレベルで考えることができるが、重要なことは、できる限り具体的なレベルまで落とし込んでニーズ

図2-6-3　ニーズの構造

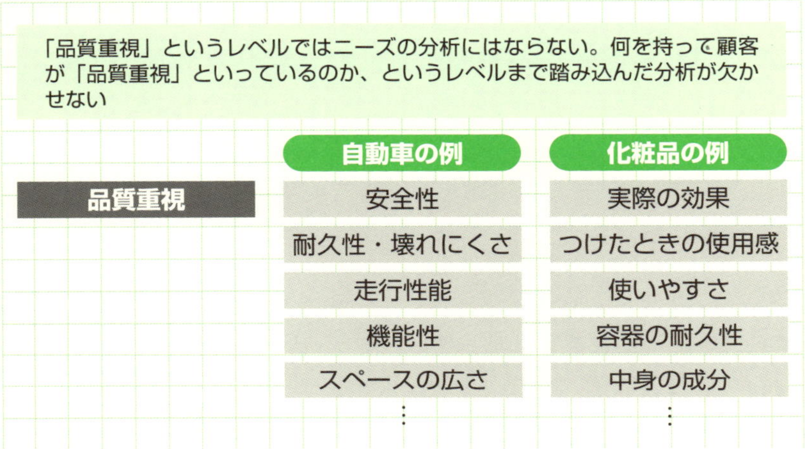

「品質重視」というレベルではニーズの分析にはならない。何を持って顧客が「品質重視」といっているのか、というレベルまで踏み込んだ分析が欠かせない

品質重視	自動車の例	化粧品の例
	安全性	実際の効果
	耐久性・壊れにくさ	つけたときの使用感
	走行性能	使いやすさ
	機能性	容器の耐久性
	スペースの広さ	中身の成分
	⋮	⋮

を理解することである。「品質がよい」や「サービスがよい」「価格が安い」といったレベルでは不十分だ。例えば「品質がよい」というニーズがあった場合、顧客が何をもって「品質」の良し悪しを判断しているのか、そして「品質」を定義する様々な要素の中でも何を重視しているのか、といったことまで分析すべきである。また「価格が安い」といった場合にも、顧客が何をもって「価格」の高低を判断しているのか、といったことも考えなくてはならない。

　さらに、**ニーズ間での優先順位についても考察が必要だ**。「品質」と「価格」のように、二律相反の関係になりやすい要素は多数ある。あちらを立てればこちらが立たずで、どうしても両立が難しい場合には、どちらを優先するのか、決めなくてはならないこともある。その場合、顧客はどちらをより重視しているのか、といった観点が必要になる。近年は消費者も多様化し、同じ消費者であっても、シチュエーションや目的によってニーズやその優先順位が異なる、といったようなことも少なくないから、注意が必要だ。

● **購買行動**

　購買行動とは、消費者がある商品を「認知」し、「興味関心」を持ち、深く「理解」して「来店」し、納得して「購入」し、「リピート」購入する、という一連の購買プロセスにおける、具体的な行動パターンを指す。

　自社の顧客がどういった購買行動を取っているのか、実は意外に認識されていないことが多い。というのは、直接の顧客接点がある場合であっても、それは既に「来店」以降でしかなく、それ以前の購買行動については企業からは一切見えないからだ。さらに、直接の顧客接点がない場合（例えば代理店や小売経由での販売、通販等）には、さらに購買行動すら見えづらくなってしまうためだ。競合や潜在顧客については尚更見えないであろう。しかし、購買行動には実に多くの重要な情報が含まれており、顧客を正しく理解するためには絶対に欠かせない。

　「認知や興味関心」では、どういった媒体で、どんなタイミングで認知し、何を契機に興味や関心が高まるのか、ということが重要な視点である。企業や商品に関する認知率も見ておきたい。

　「理解」については、どんなタイミングで何によって理解が深まるのか、という視点で捉える。理解した上で企業や商品に対してどの程度好意的に思っているか、さらに言えば、どの程度「欲しい」と思っているか、という点が重要だ。

　「来店」では、どういったタイミングでどういった場所やチャネルに来店しているのか、という点がポイントになる。誰と来るのか、ということも特徴をつかむ上で有効なことがある。

　「購入」においては、どこで（エリアやチャネル）、どういったタイミング／シチュエーションで、何を基準に（購買・選定基準）、

いくらくらい（単価）、一度に何点の商品を（商品点数）、何の目的で（購入目的）購入しているのか、といったことを多面的に見ていくことが求められる。また、来店した人々のうち、実際に購入に至っている比率はどの程度か、という購入率もぜひ押さえておきたい。

「リピート」については、なぜ再購入に至ったのか（満足度、競合との比較優位点）、頻度はどのくらいか（購入頻度）、また再購入に至らなかった場合にはその理由（不満足度、競合との比較劣後点）などについて見ていく必要がある。また、競合に乗り換えた顧客（離反客）の場合は、何が理由で自社から競合に移っていったのかを知りたいところである。

また、あわせて必ず見ておくべきポイントとして、**スイッチングコスト**がある。スイッチングコストとは、顧客がAという商品から競合のBという商品に乗り換える場合のハードルの高さを意味する。"コスト"とついているが、金銭的な負担だけを指すわけではない。

例えば、パソコンのOSの場合、WINDOWSからアップルのMacに乗り換えることは、新たな操作を覚えなくてはならないし、新たにソフトも対応するものに買い換えなくてはならないため、スイッチングコストは高いと言える。一方、化粧品や日用品などの場合、乗り換えに際して大きな経済的な負担も生じないし、特に不便な思いをするわけでもないので、スイッチングコストは低い。

スイッチングコストの高低は、企業の戦略には大きな影響を与えうる要素なので、正確な理解が必要だ。スイッチングコストが高ければ、顧客は"浮気"をしづらい、つまり囲い込みがしやすいわけだし、逆に低ければ顧客は様々な企業の商品をうつろう可能性が高くなり、戦略の策定にも大きな影響があるからである。

図2-6-4 購買プロセスと分析の視点（例）

購買プロセス		分析の視点（例）
認知	・どのくらいの人が自社のブランド、商品について知っているか ・特にターゲット層における認知率 ・どういった媒体、きっかけで知ったか	・（ターゲット層における）認知率 ・認知媒体
興味関心	・知っている人のうち、実際に何らかの興味関心を持っている人がどのくらいいるか ・ポジティブなイメージを持っている人はどのくらいいるか	・（認知している人における）好意を持っている人の率
理解	・自社が想定している提供価値や特徴、ブランドのイメージなどが、どのくらい消費者やターゲット層に正確に理解されているか ・その上で、欲しいと思っている人がどのくらいいるか	・商品やブランドに対するイメージや特徴の想起と自社の意図とのズレ ・購入意向率
来店	・実際に来店しているのはどのくらいの人か ・どういった層の人が来店しているのか ・どのくらいの頻度で来店しているか ・どういったシチュエーションで、何を目的に来店しているか	・認知者に占める来店率 ・来店頻度 ・来店タイミング ・来店時の同行者 ・来店目的
購入	・実際購入しているのはどういった層か ・来店して実際に購入にいたる確率はどの程度か ・何を基準に購入を決定しているのか ・単価、一度に購入する商品の点数、購入の頻度はどの程度か ・購入頻度の増減はどうなっているか	・来店者における購入率 ・購入決定基準 ・単価、購入点数 ・購入頻度 ・購入タイミング ・ロイヤリティ
リピート	・購入後の満足度はどの程度か ・リピート率はどの程度か ・どういった層がリピート購入しているのか。それはなぜか ・リピートしていない理由は何か ・どういった層がリピートしていないのか	・満足度・不満足度とその理由 ・リピート率 ・リピートしない理由

分析に入る前に

●まず、自社と競合の既存顧客について理解する

　顧客分析で、「新しい顧客獲得の可能性」「離反の脅威」「既存顧客の購買頻度・金額向上余地／低下の脅威」を分析するために、次の2点を確認しておきたい。まず自社の顧客について理解することが大切だ。

　自社の顧客はどんな人なのか。属性や価値観、ライフスタイル、ニーズにどういった特徴があるのか、前述の五つの視点に沿って分析してみよう。よほどのマス商品でない限りは、必ず何らかの特徴が得られるはずだ。

●消費者や顧客をタイプ分けしてみる

　もう一つ考えておきたいことは、消費者や顧客をタイプ分け（セグメンテーション）する、ということである。セグメンテーションするための軸は、基本属性、価値観、ライフスタイル、ニーズ、購買行動のいずれもが考えられるが、その目的は、市場にはどういったタイプの消費者が存在し、その中で特にどのタイプの消費者が自社の顧客には多いのか、明らかにすることである。**最近では価値観やニーズでセグメンテーションするケースが多い。** 価値観やニーズが消費者の購買行動に大きな影響を与えるようになってきているからだ。

　五つ〜八つ程度に消費者をセグメンテーションし、自社の顧客が特にどのセグメントに多いかを分析する。この分析を通じて、自社がどういった価値を顧客に提供できているのか、ということも明確

になる。つまり、自社顧客が多い価値観やニーズのセグメントに対して、自社は価値提供できているかどうか、ということである。

あわせて、それぞれのセグメントの消費者が、どういったタイプの消費者で、自社や競合の顧客がどのように分布しているのか、自社顧客はどのタイプに多く、競合の顧客はどのタイプに多いのか、といったことを見ておく必要がある。

このように、自社の顧客について、何が評価されて自社商品を購入しているのか、何が一番のカギなのか、ということを把握しておく必要がある。価値観と提供価値がマッチしているからなのか、ニーズに的確に対応できているからなのか、ライフスタイルにフィットしているからなのか、など、いろいろな観点から思考を重ねて欲しい。競合についても同様に、何が評価されているのか、何がカギとなって購買されているのか、という点について、分析してみよう。

事例

例えばBMWの場合、より革新的・先進的・刺激的な価値観を持った消費者が多く集まっている。消費者を価値観でセグメントすると、伝統主義的な価値観を持ったセグメント、低価格志向の強いセグメント、革新的・先進的・刺激的な価値観を持ったセグメント、ミニマリスト的志向を持ったセグメントなどに分かれることが多いが、その中でもBMWユーザーは革新的・先進的・刺激的な価値観を持つセグメントに多い。（106ページ図2-6-5）これは、BMWが革新的・先進的・刺激的な価値を提供できているためだと言える。

図2-6-5　価値観によるBMWユーザー分析例

BMWにおいては、「スリル・楽しさ」や「先進技術」、「情熱」などが他社とは差別化された価値としてユーザーから支持されている

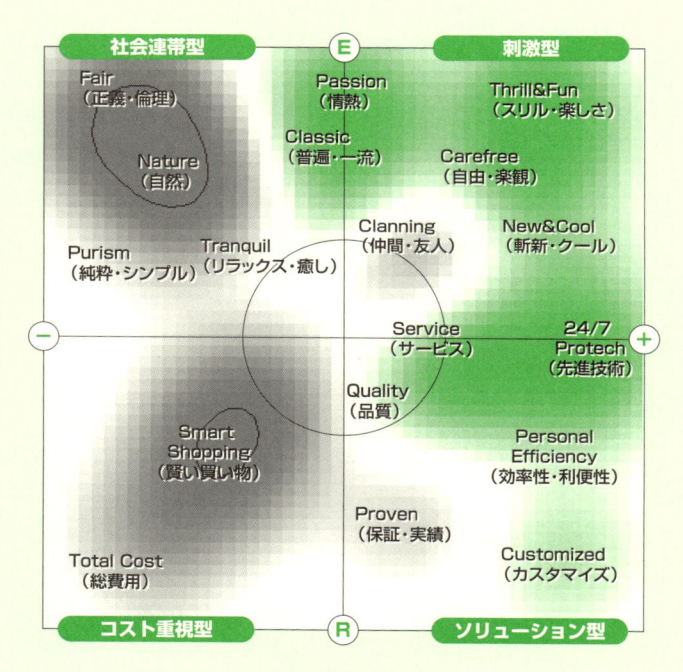

社会連帯型 ／ **刺激型** ／ **コスト重視型** ／ **ソリューション型**

軸：E（上）／R（下）／−（左）／＋（右）

消費者ニーズ、ブランド提供価値：
- Fair（正義・倫理）
- Nature（自然）
- Passion（情熱）
- Classic（普遍・一流）
- Thrill&Fun（スリル・楽しさ）
- Carefree（自由・楽観）
- Purism（純粋・シンプル）
- Tranquil（リラックス・癒し）
- Clanning（仲間・友人）
- New&Cool（斬新・クール）
- Service（サービス）
- 24/7 Protech（先進技術）
- Quality（品質）
- Smart Shopping（賢い買い物）
- Personal Efficiency（効率性・利便性）
- Proven（保証・実績）
- Total Cost（総費用）
- Customized（カスタマイズ）

凡例
- Fair：消費者ニーズ、ブランド提供価値
- E：ニーズの軸　E＝情緒的、R＝合理的、＋＝消費性向「高」、−＝消費性向「低」
- □：ニーズのクラスター
- ⊕：中央領域、比較的普遍的な価値観
- ●（緑）：賛同する価値
- ●（灰）：否定する価値

出所：ローランド・ベルガー分析

「新しい顧客獲得の可能性」を分析する

●三つのパターンで分析

　以上を踏まえ、「新しい顧客獲得の可能性」から分析してみよう。新たな顧客を獲得するには、「離反顧客を取り戻す」「競合の顧客を奪う」「潜在顧客（自社・競合いずれの顧客でもない消費者）から取り込む」の大きく三つのパターンが考えられる。それぞれについて、可能性を分析していくことによって、機会を明らかにできる。

●離反顧客を取り戻す

　「離反顧客を取り戻す」という観点からは、なぜ離反顧客が自社からの購買をやめてしまったのか、その原因をまず明らかにする。

　例えば、ニーズやライフスタイルが大きく変化したり、代替商品が出現したりして、その商品自体に対するニーズが減少してしまったような場合には、離反顧客を取り戻すことは容易ではない。ポケベルが携帯電話に取って代わられたようなケースだ。

　一方で、競合との相対的な比較で負けている、もしくは自社の提供価値が劣化しているということが原因であれば、自社の取り組みによっては再び顧客を取り戻せるかもしれない。

　また、自社が狙っているようなタイプではない顧客、自社の提供価値がフィットしない顧客の流出であれば、それは戦略上むしろ再び取り戻そうとしないほうがいいこともある。

●競合の顧客を奪う

「競合の顧客を奪う」という点では、競合顧客の競合企業に対する満足度や購買行動、競合顧客の価値観やニーズ、ライフスタイルの変化といったことがカギになる。また、自社と競合の提供価値における優位性もまた、重要なポイントである。

競合顧客の競合企業に対する満足度が低下傾向にある、またはニーズ等が変化してきて競合企業がそれに対応しきれていない、競合企業の提供価値自体が弱体化しつつある、といった兆候が見られれば、それは自社にとって大いなる機会となる可能性がある。

一方で、競合の顧客に、自社の提供価値がフィットするようなタイプの消費者があまり存在しないような場合には、自社に取り込むべきかどうか、狙っていくべきかどうか、という議論が必要となる。この場合は、むしろ機会とは言いづらいかもしれない。

●潜在顧客を取り込む

最後に「潜在顧客を取り込む」という視点からの分析について説明しよう。ここで潜在顧客とは、自社の顧客でも競合の顧客でもないが、その商品に対して潜在的なニーズを持っている可能性が高いと考えられる消費者を指す。

例えば、消費者をセグメンテーションして、ある特定のセグメントで自社の顧客が多かったとしよう。そのセグメントでまだ自社、競合いずれの商品も購入していないような消費者は、上手く働きかければ顧客になる可能性がある。

また、比較的わかりやすいケースとしては、ニーズはありながらも、何らかの阻害要因があるために購入に至っていないというパターンだ。例えば近くにお店がない、どこで買えばいいかわからない、

高いから買わない、そもそも知らなかった、などといったケースがある。

　さらに、消費者自身がニーズや不満に気付いていないこともよくあるケースだ。自分にはその商品は必要ない、欲しいとは思わない、と考えている消費者であっても、実際に体験したり試用したりすることによって、その商品のメリット、意義を実感し、ニーズが顕在化することがある。みなさんも、今まで使ったことのないものを初めて体験してみて、意外に便利だったり楽しかったりして購入・利用するようになる、という経験をお持ちではないだろうか。それが、まさにこのパターンであり、そのためには、企業はいかに消費者の潜在的なニーズや不便さ、不満を捉え、それを顕在化させるか、消費者を教育していくか、ということに知恵を絞らなくてはならない。なかなかハードルは高いが、これもまた現状分析の中では機会と捉えるべき要素である。

「離反の脅威」を分析する

●まずは満足度から調べる

　続いて、「離反の脅威」、つまり、既存顧客が離れていくリスクについての分析を行う。こちらは、まず既存顧客の満足度や購買行動、価値観やニーズ、ライフスタイルを分析することから始める。もし満足度が低下しているようであれば競合に顧客を奪われる可能性がある。購買行動の変化からも、今後顧客が離れていく可能性があるのかどうかをある程度予見することが可能だ。**リピート率の減少、購買頻度や金額の高いいわゆるロイヤルカスタマー比率の減少、購入チャネルの変化**などは、顧客離反のリスクを示す代表的なサインであろう。

　また、価値観やニーズ、ライフスタイルの変化も見逃してはならない。顧客が変化することに気付かなければ、自社が今までどおりの価値を提供し続けていたとしても、いつの間にか顧客の満足度、ニーズ充足度は低下し、結果として顧客の離反を招くであろう。

　留意すべき点は、顧客の変化が、自社から他社への顧客流出を招くようなタイプのものなのか、それともそもそもその商品に対するニーズそのものが失われるようなものなのか、という点である。前者の場合は、競合との相対的な比較の中で、自社が優位性を再構築できれば顧客の離反は食い止められるが、後者の場合はそもそもその商品市場自体が失われる恐れがあることを示している。

　こうした顧客の変化は、単発的な分析ではつかむことが難しい。定期的かつ継続的な分析こそが、変化を捉える最良の方法である。

「既存顧客の購買頻度・金額向上余地／低下の脅威」を分析する

●既存顧客をきちんと分析する

　既存顧客の購買頻度や金額の向上余地、もしくは低下の脅威の有無は、やはりまず既存顧客についてきちんと分析することが肝要だ。彼らの購買行動や価値観、ニーズ、ライフスタイルなどが変化してきていないかどうか、は重要な視点だ。また、顧客や消費者から見て、自社と競合の提供価値に対する評価が変化しているかどうか、という点も欠かせない。もし自社が相対的に評価を下げていれば、離反とまではいかなくても購買頻度や金額が減少する恐れがあるし、反対に自社が相対的に評価を上げていれば、購買頻度や金額が増加する可能性もある。つまり、顧客のマインドシェアや財布シェアの中で、自社の位置付けが上がりうるか、それとも下がる恐れがあるか、ということである。

　また、前述の「既存顧客離反の脅威」と同様、そもそもその商品に対する支出自体が増加する可能性、もしくは減少するリスクについても考慮しておかなくてはならない。こうした点についても、自社や競合の顧客について分析する中からヒントを得られる。

　以上の分析に関しても、単発的な分析ではなく、定期的かつ継続的な分析を行うことによって、初めて意味のある結果を得られるということを覚えておいたほうがいいだろう。

2-7

SW分析

　『孫子の兵法』に言う「敵を知り」の次は「己を知る」ことだ。ここでは自社の強み・弱みについて分析する手法を解説していきたい。ここで分析したことが、後の戦略オプションにつながってくる。ポイントはやはり、KSFとの関連性である。

この項目で学ぶこと

- 自社の強み・弱みは、絶対的な基準で決められるものではなく、あくまでも競合など他社と比較し相対的に決まるものである。
- 強み・弱みを把握するためには、その業界におけるKSFが何かを明確にしておく必要があり、KSFに該当する領域にある強み・弱みが特に重要な意味を持ってくる。
- SW分析で見ていくのは、競合の場合と同じように、「業界／パフォーマンス分析」「ポジショニング分析」「マーケティング（4P）分析」「バリューチェーン／ビジネスモデル分析」「有形資産・無形資産・組織分析」である。
- 現状分析で心掛けたいのは、「仮説思考」と「相互の関連性」である。

強みや弱みは絶対的な基準ではなく、相対的に決まるもの

●KSFは何かが重要

　さて、ここからは自社の強み・優位性（S）、弱み・課題点（W）の分析に入っていくが、その前にまず確認しておくべきことがある。自社の強みや弱みは、あくまでも競合など他社と比較した相対感によって決まるものであり、絶対的な基準によって判断するものではない、ということである。これは競合の強みや弱みの分析でも同様で、全ては相対的な評価によるのである。何か絶対的な基準があって、それを上回れば強み、下回れば弱み、ということではなく、あくまでも自社も含めた競合企業間での相対的な優劣を判断する。

　さらに、強みがそのまま自社が成功する決定的な要因となり、弱みがそのまま自社が勝てない決定的な要因となるわけではない。なぜなら、その業界で競争力を左右するような重要な要素、つまり業界の成功要因（KSF）ではない部分でいくら優位性を持ってもあまり意味がないし、そうした部分でいくら劣っていても致命的な問題とはならないからだ。逆に、競争力を左右する領域で弱みを持っていることは致命的であり、競争力に影響する部分で強みを持っていれば優位性となる。つまり、真に強み・弱みを把握するためには、その業界において競争力を左右する要因が何か、つまり**KSFは何か、ということを明確にしておく必要があり、KSFに該当する領域にある強みや弱みが特に重要な意味を持ってくる**、ということを覚えておいて欲しい。

第2章　戦略策定ステップ①　現状分析

SW分析①「業績／パフォーマンス分析」

●代表的な数値は？

　自社の強み・弱みを分析する第一歩は、業績の推移と財務諸表、各種の業績指標といった、企業の全体的なパフォーマンスの分析である。企業の強みや弱み、特徴の多くは、こうした数字面に現れる。

　企業の業績や状況を表す数値や指標は多々あるが、自社の強み・優位性や弱み・課題を明らかにするという観点からよく用いられる代表的なものをいくつか紹介したい。

　まず、**売上高**と**営業利益**、**営業利益率**の推移は基本中の基本であ

図2-7-1　よく使う指標の例

絶対的なパフォーマンスを見る指標	・売上高 ・営業利益・営業利益率 ・原価・原価率 ・販管費・販管費比率　など
コスト構造を見る指標	・原価・原価率 ・販管費・販管費比率 ・販管費の各費目とその対売上高比率　など
効率性や生産性を見る指標	・一人当たり売上高・粗利額 ・在庫回転率・在庫日数 ・一店舗当たりの売上高 ・坪当たりの売上高 ・顧客一人当たりの売上高 ・ROE、ROI　など
その他の指標	・単価・客数 ・商品別／事業部別／エリア別等の売上、収益性、コスト ・売上構成（何割の顧客で何割の売上か）　など

絶対値だけではなく、以下のような数値との比較をする
　─業界平均値
　─ベストプラクティス
　─競合数値
　─自社の過去の数値
　　など

各指標の数値の推移を見ることも分析に役立つ

る。また、**原価率**、**販管費比率**、**販管費**の各項目の比率やそれぞれの絶対額等も重要な指標である。企業の戦略や事業構造の特徴は、原価構造やコスト構造に現れやすいからだ。例えば、菓子業界各社のコスト構造を見ると、広告宣伝費と販促費の比率に違いが見られるが、ここにはブランド重視か営業重視かという各社の戦略の違いが表れている。

　また、よりオペレーションに近い指標としては、**一人当たりの生産性（売上高）**、**在庫回転率**、**一店舗あたりの売上**等、多様な指標があるが、これはその企業の業種や事業内容によって見るべき指標が変わってくる。さらに、自社のシェアなど市場における位置付けを見るために必要な指標も存在する。

　いずれにしても、こうした指標が示すのは、企業の効率性や生産性、事業特性などである。重要なのは、何の指標を使うか、ということを覚えることではなく、どうすれば自社の特徴、強みや弱みをある程度客観的に把握し、競合と比較できるのか、という視点で考えていくことだ。

●業界の最良数値、競合の数値と比較する

　各指標の数値をどう解釈すればいいか、という点も忘れてはいけない。通常、数値は**業界の平均値**や**業界における最良の数値（ベストプラクティス）**、**競合の数値**と比較して判断する。業界の平均値と比較した場合には、自社の業界における相対的な優劣が明らかになるし、業界の最良の数値と比較した場合には、自社がどの程度トップクラスから劣っているかを見ることができる。自社の数値が業界の最良値であれば、それはその点において自社が確固たる強みを有することになる。

SW分析②「ポジショニング分析」

●優位性や課題を明らかにする

　続いて見るのは、市場における自社のポジショニングである。ポジショニング分析そのものについては既にOT分析の項（72ページ）で述べているので、その意味や考え方についてはそちらを参照いただきたい。同様の分析を自社についても行い、自社の市場における位置付けを確認しておくこと、そしてそれが何らかの優位性や課題になるのかどうか、明らかにしていくことがここでの目的である。

　例えば、ポジショニング上、競合とは異なる独自のポジショニングを構築できていれば（そして顧客から支持されていれば）、それは強み、優位性の一つとして捉えることが可能だ。一方、競合と同様のポジショニングにあり、激しい競争の中で売上の減少や収益の悪化等にさらされているのであれば、それは課題と言うこともできる。

●戦略的なポジショニングも分析する

　戦略的なポジショニングについても同様だ。自社がコストリーダーシップ戦略、差別化戦略、ニッチ戦略のいずれかに該当するようなポジショニングにいるのであれば、戦略的ポジショニングの面で優位性があることになるが、そうでなければ逆に弱み・課題と捉えるべきである。

　業績・パフォーマンスやポジショニング面での強み・優位性や弱み・課題が見えたら、次に考えるべきは、そうした強みや弱みが何

によってもたらされているのか、という点だ。なぜなら、業績・パフォーマンスやポジショニング面での強み・弱みはあくまでも「結果」としての強み・弱みであり、**そうした「結果」を生み出している、強みの源泉、弱みの真因こそが、真の強み・弱みだと捉えるべき**だからだ。要するに、売上が成長している競合がいたとすればなぜ売上が伸びているのか、収益性が高い競合であればなぜそうした高い収益性を実現できているのか、生産性や効率性が高い競合であればなぜそうした高効率な運営ができているのか、といったことを突っ込んで分析していくのである。それが①**マーケティング面でもたらされているのか**、②**バリューチェーンやビジネスモデルといった面に由来するものなのか**、もしくは③**有形・無形資産や組織に依存しているのか**。そこまで突っ込んだ分析を行って、初めて真の強み・優位性や弱み・課題点が見えてくる。こうした分析には深い洞察力が必要とされ、短期間ですぐに身につくようなものではないが、繰り返し考えてみることが非常に重要である。

①〜③の分析について次項から順に解説していこう。

SW分析③
「マーケティング（4P）分析」

●マーケティングの4Pについて分析

　強みの源泉、弱みの真因を捉えていくための一つめの分析が、マーケティング分析である。具体的には、**マーケティングの4P**に沿って自社を評価していく。4Pとは、**商品**（Product）、**価格**（Price）、**広告宣伝・販促**（Promotion）、**流通・チャネル**（Place）を指す。それぞれについて、自社の強み、弱みを整理していくのである。

　例えば、商品を取り上げてみよう。商品自体に魅力があり、差別化の要素となっていることは、ある意味理想的な強みと言えよう。逆に商品力のなさが弱みになるケースもある。では、商品力の有無はどのように分析し、客観的に判断できるのだろうか。一つは、相対的な比較だ。自社及び競合企業の商品を集め、耐久性や機能性、使いやすさ等を一定の基準を設けて比較することによって、各商品の商品力の位置付けを分析できる。

　ただし、この評価方法ではややもすると「独りよがり」になる恐れがある。あわせて顧客からの評価も取り入れるべきだ。顧客は何を重視し、何をもって商品力を判断しているのか、ということを調べ、その結果に基づいて分析するのである。また、顧客から見て最も魅力的な商品がどれなのか、そしてその理由は何なのか、ということをアンケート等で調査してもいい。

　いずれにしても、商品力が強み・弱みというためには、何をもって商品力と言うのかという「定義」が重要だ。品質なのか、機能性なのか、使いやすさなのか、品揃えなのか。また品質であれば、具体的に何をもって品質が高い・低いと言えるのか。耐久性か、質感

図2-7-2　マーケティング分析事例

菓子メーカーA社の事例

	商品力			広告宣伝・プロモーション力	販促力
	魅力ある新商品 ・新カテゴリーを創造するような機能性・話題性をもった新商品	既存定番商品 ・複数商品を抱える有力基幹ブランド ・有力商品シリーズ ・単品の大型商品	PBへの対応 ・流通ニーズへの柔軟な対応 ・カテゴリー横断的なPB対応	CMの投下 ・新商品の認知を促すCM投下 ・CM投下によるブランド醸成	リベート・販促提案 ・小売売価のコントロールや配荷確保のためのバックマージン等
チャネル CVS（コンビニ）	△	○	○	△	△
チャネル GMS	△	△	△	△	△
チャネル スーパー	△	○	△	△	○

- A社は、XXXやZZZシリーズなど●●●周辺分野の既存定番商品やCVS・PBへの対応力に強みを発揮する一方で、新商品開発に弱点を抱える
- 商品認知を広め、ブランドを高めるCM展開が弱い
- 営業力がKSFとなりうるスーパーにのみ有効に機能

注：各チャネルにおいて鍵となる要素＝▨　　PB＝プライベート・ブランド

か、材質か。このように、深堀った分析を心掛ける必要がある。

　さらに、商品力に優位性がある場合、なぜその優位性が生まれているのか、という真因を探る必要がある。顧客ニーズの吸い上げが上手いのか、研究開発力が強いのか、企画力が高いのか、企画を具現化する高い製造能力のなせる業なのか、などである。

　価格であれば、絶対的な金額や商品の品質や機能等に対するコストパフォーマンス、支払方法（前払い、後払い、分割払い等）、料金体系などの点が、強みや弱みになりうる。

　広告宣伝・販促の観点からは、広告宣伝自体の出来や頻度、回数、投下金額、プロモーションの施策の優劣などが比較対象となる。

　流通・チャネルの点からは、どういったタイプのチャネルで販売しているか、エリア等のカバー率、流通構造（自社からチャネルまでどういった商流なのか）といったことが評価の視点になりうる。

SW分析④「バリューチェーン／ビジネスモデル分析」

●バリューチェーンは業界によって異なる

　ここでは、バリューチェーンの中でも、特に強みや弱みを分析する際によく用いる代表的な要素について、いくつか解説していこう。なお、業界によってバリューチェーンの構成要素は異なるので、ここで挙げたものが常に当てはまるわけではないし、ここで採り上げないものでも重要になるケースもあることを覚えておいて欲しい。

　まず自社のバリューチェーンについて整理することから始める必要がある。

●研究開発

　研究開発力は、特にメーカーにおいては強みの源泉になりうる領域だ。一方で、それが他社と比較して強いのか弱いのか、ということを評価することは極めて難しい。しかも、研究開発力の強みや弱みが、実際業績に対してどう影響しているのか、ということを見極めることも容易ではない。

　研究開発力を評価する視点としては、**年間の特許申請件数、特許保有件数、研究開発費の絶対額や対売上比率、研究開発人員数**などがよく用いられる。また、**年間の新商品発売件数**なども一つの目安にはなりうる。

　研究開発力の評価においては、その優れている点や劣っている点が、どのように企業の活動や業績に影響を与えているのか、という点が大切だ。研究開発力が優れていることが商品力に結びついているのか、ブランドイメージに結びついているのか、それともコスト

競争力を高めているのか、等々。他の要素の分析結果と組み合わせて解釈していくことが必要である。

● **マーケティング能力**

マーケティング能力とは幅広い概念だが、ここでは顧客・消費者ニーズの吸い上げ、商品の企画・投入、プライシングの設定、プロモーションの企画力・実行力といった、いわゆるマーケティング面における能力の高低を指す。また、ブランド育成能力のようなブランドマネジメントに関わる能力もここに含まれる。

多くの業界において、こうしたマーケティング力がますます重要になってきている。従って、マーケティング力の優劣は、企業のパフォーマンスに大きな影響を与えることが多い。そのため、より緻密な分析が求められる領域でもある。

マーケティング力を評価する視点としては、**年間の新商品リリース件数、商品開発のリードタイム、ヒット率、1商品／1ブランドあたりの広告宣伝費、売上高広告宣伝費比率、マーケティングに関わる組織体制や人員数**などが挙げられる。

ただし、マーケティング力も研究開発力などと同様に、簡単に数字や項目で比較できるものではない。ここであげたような指標において自社が優れていた、もしくは劣っていた場合に、なぜそうした差が生み出されているのか、という点を深堀って分析していくほかない。

例えば、商品開発力・企画力に優れているとしたら、それは何によってもたらされているのか。企画力を持った優秀なマーケターを多数抱えているからなのか、それとも消費者ニーズの吸い上げから企画への落とし込みが秀逸なのか、あるいは企画案をたくさん出す

第2章 戦略策定ステップ① 現状分析

図2-7-3　食品・飲料メーカーのマーケティング能力評価事例

市場情報の鋭敏な収集・分析	・市場調査の情報の量、質、タイミング
	・市場調査から商品開発へのサポート
	・市場調査の結果の社内外への発信
	・"売る"現場における情報の収集
	・外部利用によるインプットの収集
情報の迅速な伝達・理解／"的確な打ち手"の企画 柔軟かつ徹底的な実行	・R&Dから商品開発への優れた提案
	・全社的戦略に基づいた商品開発
	・コンセプト創出・管理を支援する仕組み
	・多量のコンセプトの創出
	・コンセプトを改善、絞り込む優れたプロセス
マーケティング活動の実行を支える仕組み・体制	・複数の機能別担当者を含む商品開発体制
	・市場調査における十分な人数、質の調査室員
	・R&Dにおける十分な人数、質の研究者
	・商品開発における十分な人数、質の担当者
	・優れた商品開発担当者を育成する仕組み

劣っている ←→ 優れている

	A社	B社	C社	D社	E社	F社	G社	H社

出所：インタビュー

第2章 戦略策定ステップ① 現状分析

ような仕組みがあるからなのか。日清食品と小林製薬、いずれも商品企画力に優れた会社だと言われているが、その源泉はまったく異なる。日清食品では、いかに優れた企画を生み出せる人材を確保・育成できるかという視点で運営がなされており、異端児を採用する、社内で激しい競争を励行する、といった取り組みが行われ、結果として優秀なブランドマネージャーが発掘・育成されて企画力を支えている。一方の小林製薬の場合は、全社員から商品のアイデアを募集し、その中から筋の良さそうなものを選んで商品化していくことによって、ヒット商品を次から次へと生み出している。いわば、総力戦である。このように、同じ企画力が強い、という点を取ってみても、真の強みはまったく異なっていることがある。

深掘って分析していく際のポイントとしては、企画力の優劣がある程度見えてきた場合に、それが組織的な仕組み、機能、プロセス、標準手法などによって実現されているのか、それともより属人的なスキルやノウハウに依存し、そういった能力を持った人材の採用・発掘・育成といった面から実現されているのか、といった点から考えてみることも有効である。

●調達・生産・物流

調達や生産、物流など、いわゆる**サプライチェーン**と呼ばれる領域は、主にコスト構造の優劣につながることが多いが、最近では「適時適品の納品」という言葉に代表されるように、顧客ニーズへの対応力という面における優劣にも大きく関わるようになってきている。

具体的には、調達、生産、物流ごとに、その**コスト比率、作業単価、リードタイム、効率性、在庫、歩留まり**等を分析し、評価していく。生産においては**キャパシティ**や**製法、製造工程**なども重要な

評価軸となりうる。

　また、生産面の評価に関しては、工場を見るだけである程度その優劣はわかってくる。見た目の印象が汚い、雑然とした工場では、生産性も在庫もリードタイムもよくない可能性が高い。逆に整然としてきれいな工場の場合には、比較的優れたパフォーマンスを占めている例が多い。

　サプライチェーンの優劣は、先に述べたように、コスト競争力に直結することはもちろん、近年では商品力や顧客ニーズへの対応力など、広範にわたって影響を与えるようになってきているため、きちんとした評価をしたい点である。

●**営業力・販売力**

　営業力や販売力もまた、企業のパフォーマンスに大きなインパクトを与える要素の一つだ。これまでも、多くの優秀な企業が、営業力をその強みの源泉の一つとしてきた。

　営業力が強い、弱いと一言で言っても、それだけでは分析したことにはならない。営業力を構成する要素に分解し、各要素について評価することが必要だ。主な構成要素としては、**営業人員数、各営業マンのスキル、営業プロセス、営業手法の標準化の有無、顧客対応力・ニーズの吸い上げ力、組織体制、教育体制**などが存在する。そして、営業力を測る指標としては、**顧客訪問時間比率、一人当たりの担当取引先数、一人当たりの売上高**などがある。

　ただ、こうした指標はあくまでも結果としての営業力の高低を測定するためのものであり、重要なのは、なぜいい数値・悪い数値が出ているのか、という真因を分析していくことである。これはマーケティングの項で述べたことと全く同じことだ。

例えば**顧客訪問時間比率**。この比率が意外に低い企業が少なくない。営業が取引先を回る時間が少なく、それが営業力の弱体化につながっているケースだ。こうした場合、なぜ顧客訪問時間比率が低いのか、という点について分析を詰めていかなくてはならない。移動時間が多いのか、あるいは会社にいる時間が長いのか。移動時間が長いとしたら、それは取引先が散在しているからなのか、それとも移動ルートが非効率だからなのか。会社にいる時間が長いとしたら、それは雑用に追われているからなのか、それとも単に取引先訪問に対して消極的なのか。このように分析していくことによって、営業力について詳細な評価が可能となる。

　そして、営業力の強弱が、具体的にどういった結果につながっているかを分析することも、他の要素と同様に重要なことである。売上高の増減なのか、それとも商品力の上昇・低下なのか、といった具合である。

SW分析⑤ 「有形資産・無形資産・組織分析」

●五つめの分析

　自社の強み・弱みを分析する最後の視点が、有形資産・無形資産・組織分析である。有形資産とは資金や不動産などのように、経営や事業運営に投入する資源のうち、形のあるものを指す。無形資産とは、資源の中でも文字通り形のないものであり、ブランド力、取引関係、顧客基盤、知的財産等を言う。組織は人材や組織体制、会社の風土や文化、仕組みなどを指す。それぞれについて、自社が競合と比較して優位にある点、劣っている点を明らかにしていく。

●有形資産

　まず有形資産としては、資金力、不動産、工場等の設備などが挙げられる。これらは「有形」なので、競合と比較して自社の優劣がわかりやすい。

　ただし、例えば単に不動産を競合よりたくさん保有しているからといって、それがイコール強みとはならない。強み・優位性や弱み・課題点は、基本的には業界のKSFとなるような要素において優劣があって、初めて強みや弱みになるのだ。

　一方で、例えば新規事業を検討するような場合であれば、資金力や不動産等の資産を保有していることは、投資余力として一定の強みとして評価できることもある。要するに、そうした有形資産を活用して、競合に対して何か優位性を構築しうるかどうか、ということをよく考えてみることが重要なのだ。

● **無形資産**

　無形資産では、特にブランド力、取引関係、顧客基盤が重要となる。以下、順に簡単に説明していく。

①ブランド力

　ブランド力は、いわゆる無形資産の代表的なものだ。ブランド力の高低も、よく企業の強みや弱みを語る上で使われる。

　が、ブランド力ほどあいまいなイメージだけで語られるものもない。「ブランド力が強み、弱み」と言っても、イメージだけで評価していてはダメだ。できるだけ客観的に評価することが必要である。

　一つの方策として考えられるのが、顧客、消費者からの評価である。アンケート調査やインタビュー等を実施すれば、ある程度そのブランドの認知度や支持の状況、好感度、イメージが正しく伝わっているかどうか、といったことが分析できる。また、そうした調査を継続的に行っていれば、時系列でその変化を見ることもできる。それ以外にも、取引先や業界有識者等にヒアリングを行うこともインプットの一つとしては有効だ。いずれにしても、ブランドは捉えどころがなく、評価が難しいものだけに、一つの情報源だけに依存せず、複数の角度、視点から分析していく必要がある。

　ブランド力を評価したら、なぜそうしたブランド力の高低が生じているのか、という真因について分析していく。ブランド力を決定付ける要素は、あらゆる顧客接点にある。商品、価格、広告宣伝、営業や接客はもちろん、店舗のイメージ、コールセンターの対応等、あらゆる顧客接点での印象や顧客の体験、評判が、顧客の中に特定のブランドイメージとなって結実していく。従って、強みの分析として、何ゆえブランド力が高いのか、という点まで踏み込んで初めて意味のある分析となる。

図2-7-4　ブランド力分析例（化粧品ブランドの例・抜粋）

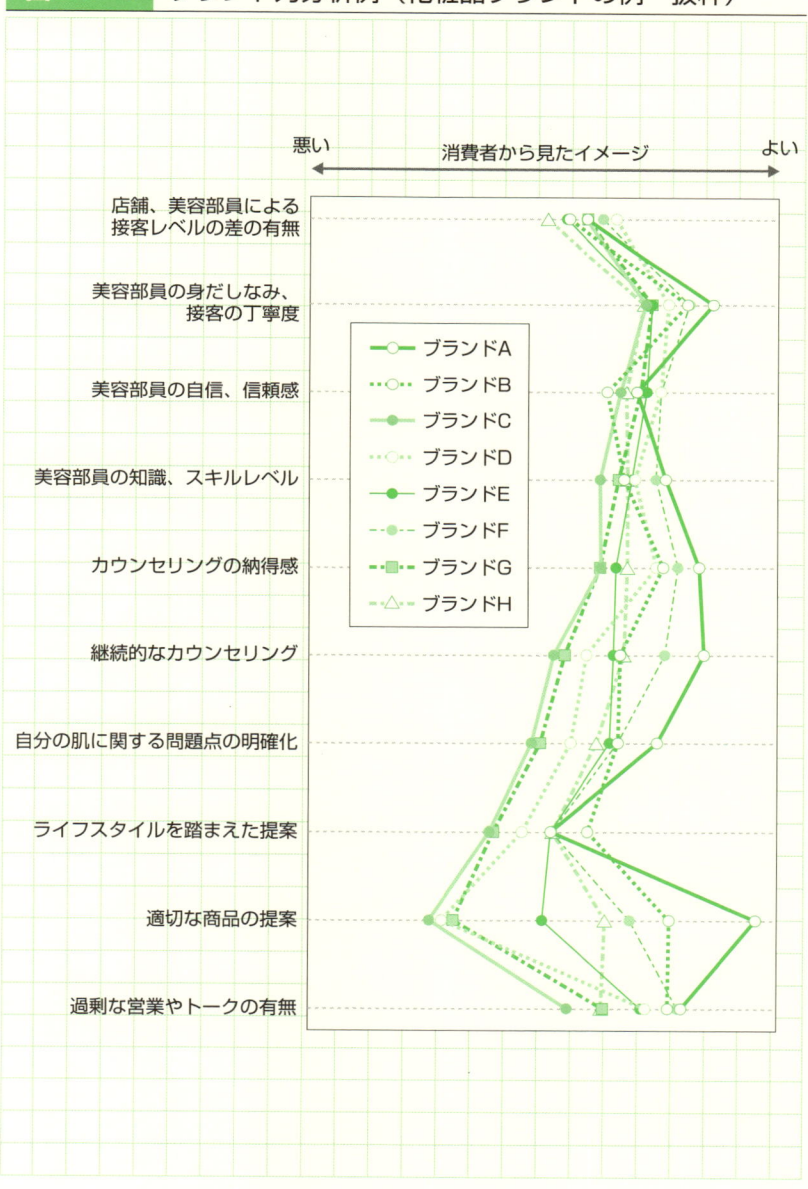

悪い ←　消費者から見たイメージ　→ よい

- 店舗、美容部員による接客レベルの差の有無
- 美容部員の身だしなみ、接客の丁寧度
- 美容部員の自信、信頼感
- 美容部員の知識、スキルレベル
- カウンセリングの納得感
- 継続的なカウンセリング
- 自分の肌に関する問題点の明確化
- ライフスタイルを踏まえた提案
- 適切な商品の提案
- 過剰な営業やトークの有無

凡例：
- ブランドA
- ブランドB
- ブランドC
- ブランドD
- ブランドE
- ブランドF
- ブランドG
- ブランドH

第2章　戦略策定ステップ①　現状分析

②取引関係

　仕入先、販売先、外部委託先等の取引先のネットワークも、企業の強みや弱みとなりうる。特に、他社と比較して幅広い取引先を持っている、もしくは他社があまり持っていないネットワークを持っている、他社以上に取引先との関係が強い、といったことは、比較優位性を構築する要因となりうる。逆に、取引先のネットワークが弱みになる可能性もある。

　取引先や取引関係の場合、それがどういう理由や背景で構築されたか、という視点での分析ももちろん重要だが、どちらかと言うと、これらが具体的に企業活動のどういった部分に対して、どういった好影響・悪影響を与えているのか、という視点での分析が大切である。単に取引先が多い・少ない、取引先との関係が深い・浅い、といったことだけでは強みや弱みとしては不十分だ。

　例えば、89ページで例に挙げたプラザスタイルの場合、地道に築

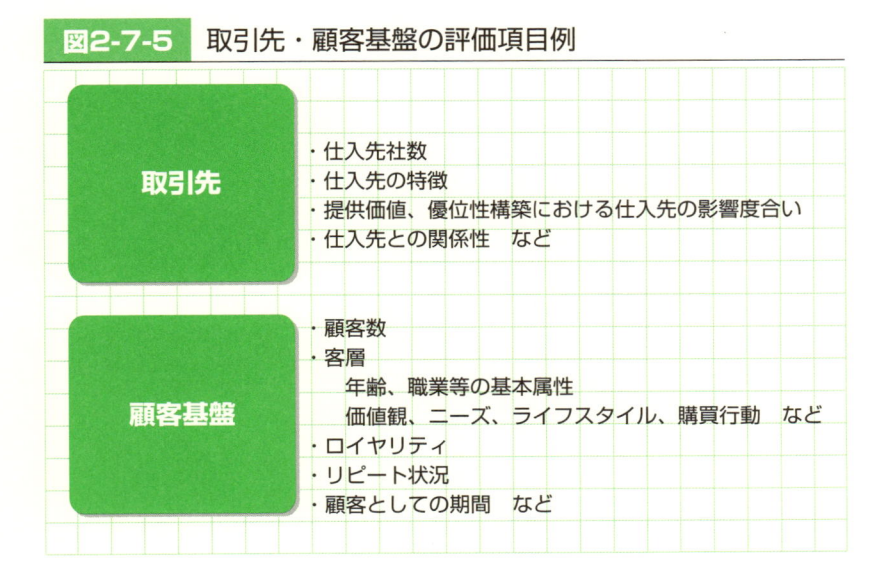

図2-7-5　取引先・顧客基盤の評価項目例

取引先
- 仕入先社数
- 仕入先の特徴
- 提供価値、優位性構築における仕入先の影響度合い
- 仕入先との関係性　など

顧客基盤
- 顧客数
- 客層
　　年齢、職業等の基本属性
　　価値観、ニーズ、ライフスタイル、購買行動　など
- ロイヤリティ
- リピート状況
- 顧客としての期間　など

いてきた仕入先のネットワークが彼らの強みの一つになっている。こうした仕入先が、常にプラザスタイルの店舗に相応しいものを次々と提案してくることが、常に楽しく新鮮な品揃えを実現できる要因の一つとなっている。ここまで分析して、初めて取引先が強み・弱みだと言える。

③顧客基盤

顧客基盤も自社にとって強み、もしくは弱みとなりうる。

例えば、自社の顧客層が、競合や業界全般の顧客層と違っていることがわかれば、それは自社の特徴、強みとなっている可能性がある。エステ業界の例で言えば、一般的にはエステのユーザーは比較的若年層が多い。しかし、そうした中で大手エステの1社の顧客層は、かなり幅が広く、60代、70代の利用も少なくない。これは、見方によっては同社の強みとも言える。

また、顧客の価値観やニーズを見ていけば、自社が商品を通じて提供しようと意図している価値や便益が、顧客から支持されているかどうかを測ることができる。当初想定していた価値や便益が支持されていればそれは強みになりうるし、もし当初想定していないようなニーズを持った顧客が多ければ、意図せずして別のニーズを満たすような価値や商品を提供できていることを意味しており、今まで自社内では気付いていなかった特徴や強みを認識できることもある。購買行動を理解すれば、自社のマーケティング等の取り組みが顧客に響いているのかいないのか、という点が明らかになる。

また自社の顧客と他社の顧客の比較をすることによって、自社の優れた点が明確になることもある。

> **事　例**
>
> 　あるアパレルブランドの事例で見てみよう。そのブランドは、日本での展開開始後急速に売上を伸ばし、一時期は飛ぶ鳥を落とす勢いで短期間で数多くのファンを獲得し、有力ブランドに成長した。しかし、その後成長が止まり、売上の減少が止まらずに低迷するに至った。この一連の状況を顧客の視点から分析したところ、不振の原因が極めて明確に見て取れた。認知率や来店率は好調時よりも大幅に増加したにもかかわらず、購入率やリピート率が大きく下がってしまっていたのだ。さらに、コアターゲットと呼ぶ、ブランドとして本当に狙っていきたいターゲット顧客に限ってみると、ブランド離れが鮮明であり、彼らからは特に商品のデザインやテイスト、品揃えに対する不満が非常に高かった。要するに、売上の成長を意識したあまり、売れ筋商品に偏った品揃えとなり、結果コアターゲット層の離反を招いてブランド力が希薄化してしまったのである。このように、顧客基盤や顧客を理解することによって課題を明らかにすることもできる。

●組織力

　組織力を規定する要素には、人数、人材の質、組織体制・構造、責任と権限の所在、人事評価、教育体制、採用、風土、意思決定スタイル、情報共有レベルなどがあげられる。

　組織は企業によってまさに十人十色であり、それぞれ固有の強みや弱みを持っているため、ケースバイケースで評価をしていく必要がある。ここでも、組織力の強弱が、具体的にどういった点で強みや弱みに結びついているのか、ということを考えなくてはならない。例えば、先にあげた日清食品の例を見ると、同社では採用の段階から個性ある人材を採るように心がけ、その後の研修や人事制度でも個性や成果を重んずる体制となっている。その結果が、強い個性を持った商品やブランドにつながり、カップ麺市場における圧倒的優位につながっている。

SWOTをまとめる

●自社のビジネスにどう影響するのか

　必要な分析を一通り済ませたところで、最後にSWOTをまとめていく。まとめる際のポイントは、それぞれの分析の結果で得られた結論が、具体的に自社のビジネスにどう影響するのか、という視点で全てを考えることだ。具体的には、以下に挙げた点を特に意識しておくとよい。

　以下のような視点は、分析を行う段階においても常に意識していくべきだ。さもなければ、「分析のための分析」に終わってしまう恐れがあるからである。

> **機会・脅威の場合**
> - 売上を伸ばす余地、チャンスがありそうなのか
> - 収益性を高めていくチャンスがありそうなのか
> - このままでは売上を落とすリスクがありそうなのか
> - 収益性が悪化する恐れがありそうなのか
>
> **強み・弱みの場合**
> - 現状の強みは既存事業の成長に必要十分か
> - 現状の強みを新たな事業に活用できる可能性はないか
> - 現状の弱みは、自社の今後の成長を阻害しないか

現状分析で心掛けたいこと

● **仮説思考を心掛ける**

　最後に、現状分析において重要な心掛けを確認しておこう。

　まず、常に仮説思考を心がけることは、現状分析、ひいては戦略策定プロセス全般において決して忘れてはならないことだ。何の仮説も持たず、ただ漠然と網羅的に現状分析を進めても、手数がかかるばかりで有益な分析はできない。コツとしては、最初から詳細に分析をするのではなく、**まずはざっと一通り概観した上で、ある程度自分なりの現状に対する仮説を立てること**。そして、その仮説を検証し、より確からしいものにしていくために必要な分析ポイントを設定し、その上で本格的な調査分析を行っていく、という仮説検証型の思考プロセスで進めることである。逆に言えば、仮説の持ち方によって分析すべきポイントも変わってくることがある、ということだ。

　実際、我々がプロジェクトを行う際には、必ずクライアントと仮説について議論し、何を特に検証していくか、何を分析していくか、最初にある程度固めてしまう。分析を進めていく中で、仮説が間違っていたり、別の角度からの分析が必要になれば、適宜軌道修正を図っていく。このように、戦略策定における現状分析は、画一的な方法論に沿って行われるものではなく、その時々の状況に応じて都度考えなくてはならない、とても複雑なものだということを頭に入れておいて欲しい。本書でここまでに説明してきた分析や考え方は、あくまでも代表的なものを採り上げている。実際には、みなさんが頭を使ってそれぞれの状況に応じて考えていく必要があるのだ。

●相互の関連性にも注意する

また、それぞれの分析を別個のものとして考えるのではなく、相互に関係したものとして捉えること、そして常に目的感をもって分析することも肝要である。SWOTを整理するための各種分析は、それぞれが独立した分析ではなく、相互に関係している。そして、最終的な目的は、自社にとっての機会と脅威を洗い出し、自社の強み、弱みを明確化すること、戦略立案に必要な情報を得ることである。分析を行う上では、常にこの目的を見失わないようにし、「分析のための分析」に陥らないようにして欲しい。

●現状認識は共有することが大切

そして、現状分析結果は、関連する人々で共有しなくてはならない。相互に納得し「腹落ち」するまで徹底的に議論して初めて、共有できていると言える。そのためには、ここまで説明してきたフレームワークや考え方を用い、客観的な情報に基づいた論理的な分析を行い、議論を繰り返してそれぞれの視点や意見も参考にしつつまとめていくことが求められる。

第2章　戦略策定ステップ①　現状分析

ワーク　以下の各社・各事業について、マーケティング分析をして比較してみよう

① 任天堂とソニーのゲーム機事業

② 日本航空（JAL）と全日空の旅客事業

③ 資生堂、花王、P&G、ユニリーバのシャンプー事業

あなたの会社やあなたが担当している事業について、有形資産・無形資産・組織分析をしてみよう。

①有形資産

②無形資産
　・ブランド力

　・取引関係

　・顧客基盤

③組織力

プロの視点

　本章では、現状分析の代表的なフレームワークや視点を中心に、主に考え方について説明した。ここで紹介した以外にも、分析の手法は世の中にたくさん存在する。アドバンテージ・マトリクス、商品のライフサイクル、スケールカーブ、プロダクトポートフォリオマトリクス…。そうした分析手法を解説した書籍は多数あるので詳細はそれらに譲るが、いずれにしても重要なことは、本文でも何度も触れているように、それらを使ってどう現状を「解釈」するか、にある。同じデータや情報、フレームワークを使えば、誰が分析しても結果は同じだ。それは我々プロフェッショナルが分析しても表面的には何ら変わらない。では、我々はどういった点に留意しているのか。差が生まれるのは、同じ分析結果を見たとしても、それをどう「解釈」するか、それを見てどう「考える」か、という点だ。特に、「逆に読む」「違った角度から考えてみる」「なぜそういう結果になっているのか」ということを考えることが大切だ。

　例えば、SWOT分析であれば、本当に強みは強みなのか。実は弱みだったりしないか。機会だと思ったものはよくよく考えると脅威でもあるのではないか…、といった具合だ。また、ポジショニングであれば、いろいろな「軸」の組み合わせを試行錯誤し、どういう組み合わせが業界や各プレーヤーを的確に表すことのできる「軸」なのか、ということをいろいろな角度から考えることが求められる。

　戦略策定や現状分析は定型的、自動的にできるものではない。数字や情報の整理、分析は極論すれば誰でもできる。本当の勝負は、その結果をどう「解釈」し、どう「読み取る」か、という点につきる。そして、それは何度も繰り返し考える訓練を積むことでしか体得できないものだ。

第2章　戦略策定ステップ①　現状分析

第3章

戦略策定ステップ②
戦略オプション策定

しっかりとした現状分析ができたら、いよいよ戦略作りに入っていく。戦略となりうる候補は複数できあがる。有効な戦略の選択肢をどうすれば作れるのかを本章では見ていく。

3-1
戦略オプションとは

　会社として成長していくために何をすべきか、存在する脅威にどう対応していくか、自社の強みをどう磨き、弱みをどう補強していくのか、これらの観点でとるべき戦略の選択肢が戦略オプションである。まずは大枠の考え方を見ていこう。

この項目で学ぶこと

☐ 会社として何に注力してどのように競合と差別化し成長を目指していくべきかという点について可能性のある選択肢を戦略オプションという。
☐ 戦略オプション策定はSWOT分析結果からスタートする。
☐ 戦略オプションは、「成長オプション」「脅威への対応オプション」「強化すべき強み・補強すべき弱みのオプション」の三つの切り口で検討していく。
☐ 三つのオプションはそれぞれ関連しているので、必ずしも順番に検討していけば答えが出るというものではない。

戦略オプションとは、選択と集中の選択肢

●オプション＝「選択肢」

　オプションとは、簡単に言えば代替可能な複数の選択肢のこと。つまり、自社として何をどう選択・集中するのか、取りうる複数の選択肢を洗い出していくことが戦略オプションの策定である。

　例えば、ある会社が成長（収益の拡大）を目指そうとした場合、通常考えうる選択肢＝戦略オプションとしては、下図のようなものが考えられる。

　このように、会社として何に注力してどのように競合と差別化し成長を目指していくべきかという点について可能性のある選択肢を戦略オプションと呼んでいる。

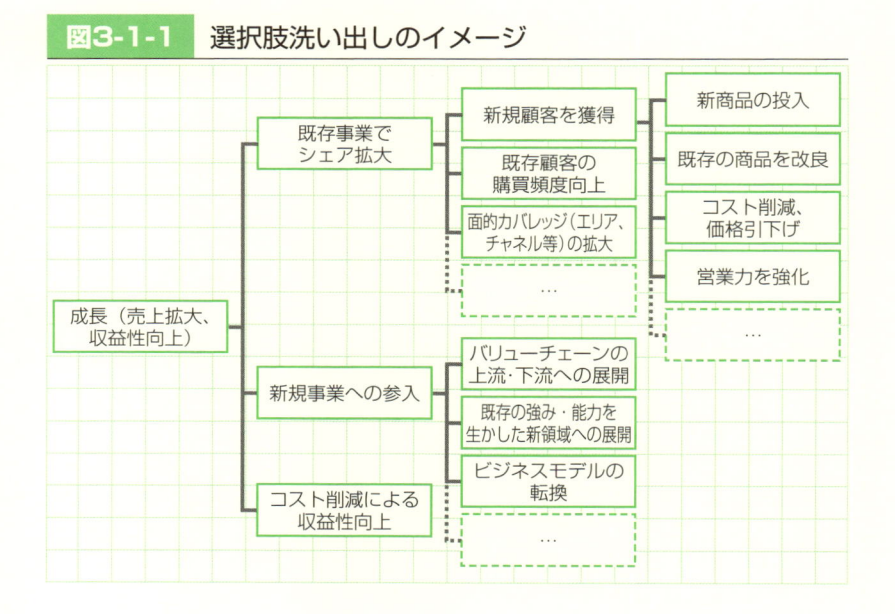

図3-1-1　選択肢洗い出しのイメージ

```
成長（売上拡大、収益性向上）
├─ 既存事業でシェア拡大
│    ├─ 新規顧客を獲得
│    │    ├─ 新商品の投入
│    │    ├─ 既存の商品を改良
│    │    ├─ コスト削減、価格引下げ
│    │    └─ 営業力を強化
│    ├─ 既存顧客の購買頻度向上
│    ├─ 面的カバレッジ（エリア、チャネル等）の拡大
│    └─ …
├─ 新規事業への参入
│    ├─ バリューチェーンの上流・下流への展開
│    ├─ 既存の強み・能力を生かした新領域への展開
│    └─ ビジネスモデルの転換
└─ コスト削減による収益性向上
     └─ …
```

第3章　戦略策定ステップ②　戦略オプション策定

● SWOT分析結果からスタートする

　戦略オプションのスタート地点はSWOT分析結果である。端的に言えば、様々な機会や脅威が浮かび上がってきた中で、どの機会を狙ってモノにしていくのか、どの脅威に対して優先的に手を打って対処しておくのか。そして、そのために集中的に磨いていくべき強みは何で、徹底的に潰しておくべき弱みは何なのか、ということだ。要するに、機会と脅威、そして強みと弱みの中から、自社が今後成長していくためにどこに集中的に資源を投入していくのか、という選択と集中を考える、それが、戦略オプション検討の基本的な考え方だ。

● 戦略オプション策定の手順

　戦略オプションの検討は、まず自社にとっての機会の中から、将来の成長に向けてどの事業領域にどのように注力していくのか、という**「成長オプション」**を整理することから始める。そして、将来の成長が阻害されることのないように、どの脅威に対してどのように優先的に対応していくべきか、という**「脅威への対応オプション」**についてもあわせて整理する。その上で、成長機会のオプションや対処すべき脅威のオプションを実現していくために、自社のどの強みを集中的に磨き、どの弱みを徹底的に補強するのか、という**「強化すべき強み・補強すべき弱みのオプション」**を考えていく。それらを全て取りまとめ、類似したオプションはひとくくりにしてまとめていくことによって、最終的なオプションが整理される。

　実際には、それぞれのオプションは関係し合っているので、必ずしも順番に検討していけば答えが出るというものではなく、常に相互の関係性には配慮しつつ検討することが求められる。

以下、具体的な考え方、視点について説明するが、戦略オプションの策定は、まさにケースバイケースであり、ここで説明する内容はあくまでも代表的な例であるということに留意していただきたい。ただし、考え方、視点はある程度共通しているので、これから説明する内容を理解し、ぜひ様々な局面で応用してもらいたい。

図3-1-2 戦略オプション策定の手順

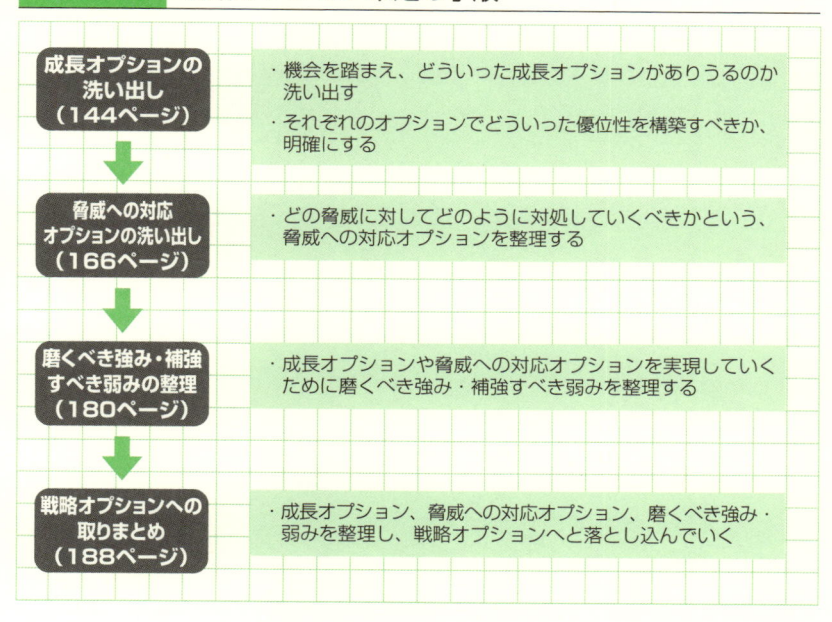

成長オプションの洗い出し（144ページ）	・機会を踏まえ、どういった成長オプションがありうるのか洗い出す ・それぞれのオプションでどういった優位性を構築すべきか、明確にする
脅威への対応オプションの洗い出し（166ページ）	・どの脅威に対してどのように対処していくべきかという、脅威への対応オプションを整理する
磨くべき強み・補強すべき弱みの整理（180ページ）	・成長オプションや脅威への対応オプションを実現していくために磨くべき強み・補強すべき弱みを整理する
戦略オプションへの取りまとめ（188ページ）	・成長オプション、脅威への対応オプション、磨くべき強み・弱みを整理し、戦略オプションへと落とし込んでいく

3-2
「成長オプション」

　自社にとっての機会の中から、将来の成長に向けてどの事業領域にどのように注力していくのかを決めるのが「成長オプション」だ。ここでは基本的な視点と、オプションを考えていく上で便利なオプションツリー、MECEの概念についても解説してみたい。

この項目で学ぶこと

☐ 成長オプションの最初の選択肢は、「既存事業での売上拡大余地があるのか」「新たな事業領域への展開余地があるのか」「収益性を向上する余地があるのか」である。
☐ オプションツリーは、項目を要素に分解していくとある程度整理ができてくる。
☐ オプションツリーを作る上で大切な、「ダブり」や「抜けもれ」をしないという概念を、MECEという。

成長オプションの考え方

●三つの視点で考える

通常、成長の機会として導き出されてくるものとしては、次のようなものが考えられる。

- 対象市場の拡大
- 新たなニーズの出現
- 競合の弱体化
- 供給者や買い手の交渉力の弱体化
- シェアアップの余地
- コスト削減による利益向上余地
- 自社既存商品や強みを展開可能な別の市場領域の存在

こうした機会に対して、具体的にどういった方向性での成長の道筋があるのか、その選択肢＝オプションを洗い出していくわけだが、何もないところからむやみにオプションを考えても、なかなかいいアイデアが浮かばないであろう。そこで、何らかの枠組み＝フレームワークを活用することが有効である。ここでは成長の機会として、**①既存事業での売上拡大余地があるのか、②新たな事業領域への展開余地があるのか、③収益性を向上する余地があるのか**、を確認することが必要だ。まず、これが成長オプションの最初の「選択肢」である。

既存事業での売上拡大の
オプションを考える

●オプションツリーで分解する

　既存事業での売上拡大の方向性を考える際の切り口で、比較的わかりやすい切り口が「顧客」だろう。「顧客」を切り口にした場合、売上拡大のオプションとしては、下図のようないくつかの選択肢に「因数分解」することができる。図のようなツリー状の図を一般的に「ロジックツリー」というが、ここでは**「オプションツリー」**と呼ぶことにする。この「オプションツリー」が、オプションを洗い出していく際の一つの考え方、ツールである。

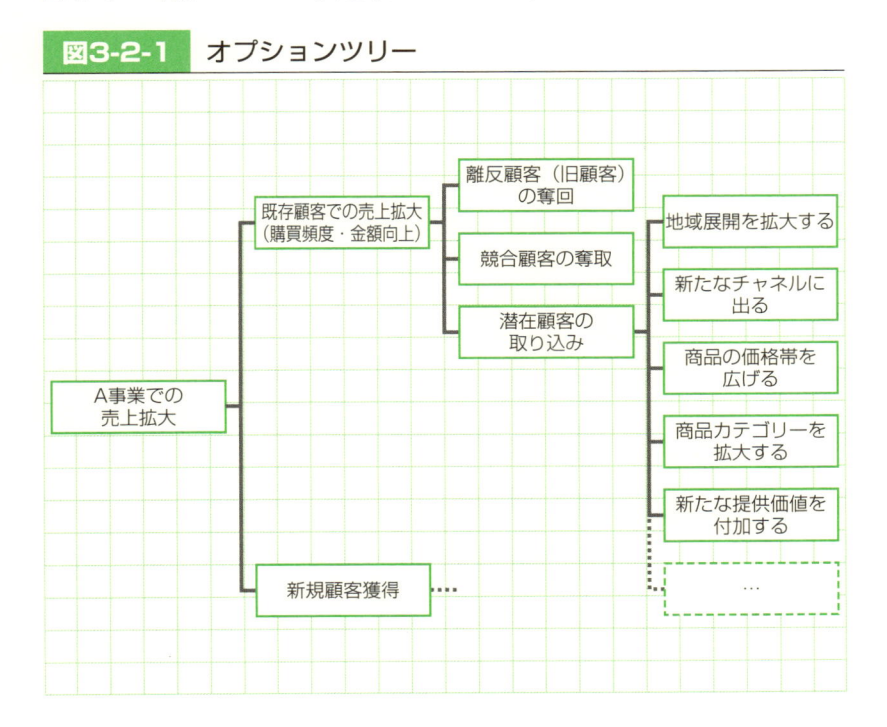

図3-2-1　オプションツリー

```
A事業での         既存顧客での売上拡大        離反顧客（旧顧客）    地域展開を拡大する
売上拡大          （購買頻度・金額向上）      の奪回
                                             競合顧客の奪取        新たなチャネルに
                                                                   出る
                                             潜在顧客の
                                             取り込み              商品の価格帯を
                                                                   広げる

                                                                   商品カテゴリーを
                                                                   拡大する

                                                                   新たな提供価値を
                                                                   付加する

                  新規顧客獲得  ‥‥                                  ‥
```

●その他の切り口で考えてみる

　もちろん、顧客以外の切り口から売上拡大の方向性を考えていくこともできる。例えば、チャネル。現在スーパーでしか販売していない食品があった場合、百貨店の地下やコンビニ、ドラッグストア、通販などで販売できないか、という考え方ができる。また、スーパーの中でも、イトーヨーカ堂やイオン（ジャスコ）のような大手GMSもあれば、マルエツやサミット等の大手SMもあり、さらには成城石井や紀ノ国屋のような高級スーパーも存在する。現在販売していないチャネルに展開する、ということが、売上拡大の選択肢の一つとして考えられよう。

　同様に、地域や価格帯等についても同様に考えられる。ただし、ここで注意しなくてはならないことは、こうした様々な切り口や要素は、単独で存在しているのではない、ということだ。つまり、狙うべき顧客や提供すべき価値によっては、そぐわないチャネルや価格が存在するため、個別に考えているだけでは見誤る可能性がある。例えば、百貨店で販売しているような比較的高価な化粧品をドラッグストアやコンビニで売ることは考えづらいし、逆にスーパーで販売しているような日用品を百貨店で販売することも相応しくない。要するに、ターゲットとする顧客や提供すべき価値に応じて、商品や価格帯、チャネル等の整合性が取れていることが必要なのである。

　こうした観点から、本書では「顧客」を最初の切り口としてお勧めした。常に顧客起点で物事を考えていけば、ある程度そうした整合性も取れてくるはずである。

●競争に"打ち勝つ"ための三つのオプション

　あわせて考えなくてはならないこととして、どのようにして競争

に打ち勝っていくのか、言い方を変えると、差別化要素、競争優位性をどこで築くのか、という点がある。差別化要素、競争優位構築の方向性としては、大きくはコストリーダーシップ戦略、差別化戦略、ニッチ戦略の三つのオプションが考えられる。これらの中から、自社の強みや弱み、立ち位置、市場環境も踏まえた上で、どの戦略を取って売上を拡大していけばよいか、ということを考えなくてはならない。自社が業界内である程度のシェアを取り、リーダー企業もしくはそれに近い位置付けであるならば、コスト競争力で勝負するコストリーダーシップ戦略を取りうるし、そうでなければ差別化戦略やニッチ戦略を取るべきだろう。その際、具体的にどの領域で勝負するのか、例えば商品のデザイン性なのか機能性なのか、サービスレベルなのかチャネルカバー力なのか、といったことまでオプションとして考えておくとよい。そうした具体的なイメージなしに、何となく差別化戦略、ニッチ戦略と挙げても失敗するだろう。

　オプションツリーを考えていく上でも、常に「競合に対してどういった優位性を構築しうるのか」という視点を忘れないようにしていくことが肝要だ。先に例をあげたツリーで再度見てみよう。オプションツリーで考えたオプションを縦に並べ、横に「コストリーダーシップ」「差別化」「ニッチ」と基本的な優位性構築の方向性を並べると、マトリクスができる。その縦横を見比べて、どのオプションであればどの優位性構築の可能性があるのか、ということを考えていけば、売上拡大のオプションと優位性構築のオプションの関係が整理できる。そして、その両社を組み合わせたものが、既存事業における売上拡大の最終的なオプションとなるのである。

図3-2-2　オプションツリーと競合優位性のマトリクス

オプションツリー（左側、階層構造）:
- 離反顧客（旧顧客）の奪回
- 競合顧客の奪取
- 潜在顧客の取り込み

上記3つから分岐：
- 地域展開を拡大する
- 新たなチャネルに出る
- 商品の価格帯を広げる
- 商品カテゴリーを拡大する
- 新たな提供価値を付加する
- …

	コストリーダーシップ	差別化	ニッチ
地域展開を拡大する	リーダーとして、更にシェアを高めていくために埋めるべき"穴"、埋める余地のあるポイントは何か？	・他社が出ていない地域への展開はありうるか？	・市場規模が小さいと思われているようなエリアへの展開はありえるか？
新たなチャネルに出る		・他社が出ていないチャネルへの展開はありうるか？	・ニッチなチャネルへの展開によって差別化できる可能性はあるか？
商品の価格帯を広げる		・他社とは異なる価格帯で戦いうるか？	・他社がまったく出していないような価格帯で差別化できないか？
商品カテゴリーを拡大する		・他社とは異なるカテゴリーの組み合わせで勝負できないか？	・他社がまったく出していないカテゴリーの商品を出しうるか？
新たな提供価値を付加する		・他社とは異なる価値を提供しうるか？	・他社が提供していないニッチな価値を付加しうるか？

●オプションツリーはどう考えればよいか

　うまく整理されたオプションツリーを作るには、基本的には繰り返し自分で考え、慣れや訓練によってその力をつけていくしかないのだが、売上や利益を要素に分解していくことによってある程度整理することが可能だ。

　例えば売上であれば、**顧客数×顧客一人当たりの年間売上**に分解できる（企業が相手の商売であれば、売上＝得意先件数×得意先1件当たりの年間売上となる）。さらに、**顧客一人当たりの年間売上＝顧客の平均購買頻度×一回あたりの購買単価**、と考えることが可能だ。また、別の切り口としては、売上＝北海道エリアの売上＋東北エリアの売上＋・・・というように地域別に見ることもできるし、売上＝高額帯での売上＋中低価格帯での売上、という見方もある。

　このように、売上をいろいろな角度から、掛け算や割り算、足し算し、いくつかの要素に分解していくと、分解された各要素それぞれにおいて、売上拡大のためのオプションが考えられる。先の例で言えば、売上をあげるためには、顧客数拡大もしくは一人当たりの年間売上をあげるという選択肢が考えられる。さらに一人当たりの年間売上をあげるためには、購買頻度をあげるか、一回あたりの購買単価をあげるか、というように考えを進めることが可能だ。また、切り口を変えた例で考えれば、北海道エリアの売上をあげる、中低価格帯での売上を増やす、というように考えることが可能になる。

　どういった切り口、角度で分解していくことが有効になるかは、試行錯誤しかない。必ずしも正解があるものではないからだ。やはり何度も繰り返し考え、鍛えて慣れるしか方法はないが、よく使う切り口としては、**「顧客やそのタイプ」「地域」「チャネル」「商品カ**

テゴリー」「価格帯」「時期」「オペレーション」などがある。これらを組み合わせて考えていく。

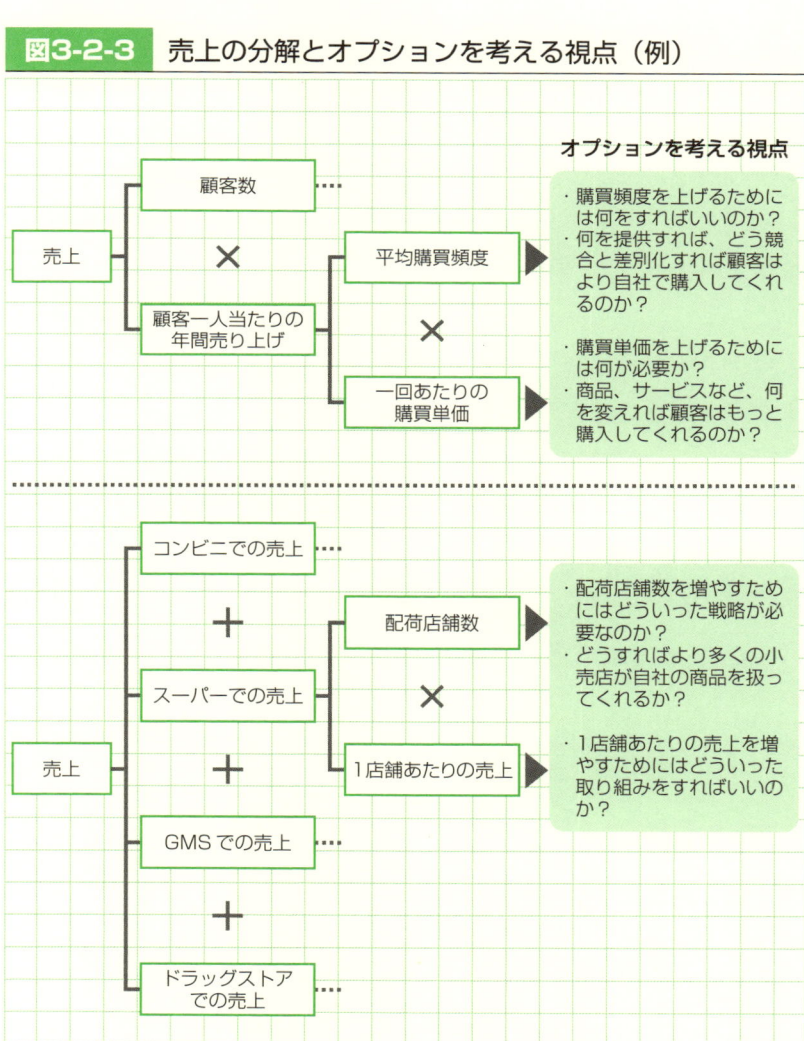

図3-2-3　売上の分解とオプションを考える視点（例）

```
                    ┌─ 顧客数 ┄┄┄┐
                    │          │
売上 ─┤      ×      │          │    オプションを考える視点
                    │          │
                    │          ├─▶ ・購買頻度を上げるために
                    │  平均購買頻度       は何をすればいいのか？
                    │              ・何を提供すれば、どう競
      顧客一人当たりの              合と差別化すれば顧客は
      年間売り上げ                  より自社で購入してくれ
           ×                        るのか？

                     一回あたりの  ▶ ・購買単価を上げるために
                     購買単価          は何が必要か？
                                   ・商品、サービスなど、何
                                     を変えれば顧客はもっと
                                     購入してくれるのか？
```

```
      コンビニでの売上 ┄┄┐
           +            │
      スーパーでの売上    ├─ 配荷店舗数 ─▶ ・配荷店舗数を増やすため
売上 ─┤   +              │       ×          にはどういった戦略が必
      GMSでの売上        │                   要なのか？
           +            │                 ・どうすればより多くの小
      ドラッグストア     │                   売店が自社の商品を扱っ
      での売上           │                   てくれるか？
                        └─ 1店舗あたりの売上 ─▶ ・1店舗あたりの売上を増
                                                 やすためにはどういった
                                                 取り組みをすればいいの
                                                 か？
```

第3章　戦略策定ステップ②　戦略オプション策定

● MECEで考える

オプションツリーを作成する上でのコツは、できる限り要素がダブったり抜けもれが出たりしないようにすることである。これは **MECE**（Mutually Exclusive, Collectively Exhaustive）と呼ばれる概念で、オプションツリーであれば、同じ列にある要素はお互いにダブりがなく、かつ抜けもれがないことが基本的には望ましい。詳しくは、ロジカルシンキングや課題解決能力を扱った書籍を参照して欲しい。

このようにツリーを考えていくことによって、どの要素が売上拡大のドライバーになりうるか、何を変えていくことが売上拡大につながる可能性があるのか、ということを洗い出していくことができる。そして、その一つ一つが売上拡大のオプションになっていくのである。

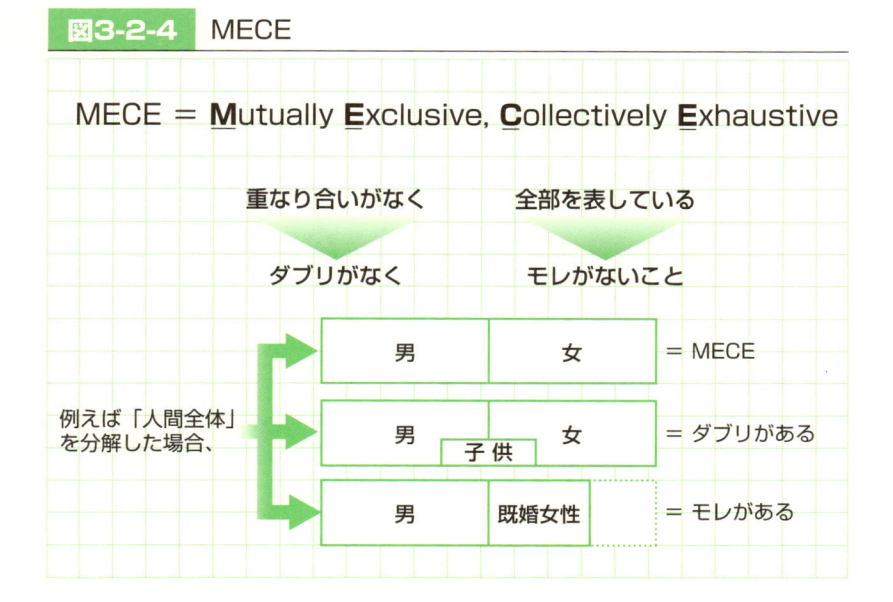

図3-2-4　MECE

MECE = **M**utually **E**xclusive, **C**ollectively **E**xhaustive

重なり合いがなく → ダブりがなく
全部を表している → モレがないこと

例えば「人間全体」を分解した場合、
- 男 | 女 = MECE
- 男 | 子供 | 女 = ダブりがある
- 男 | 既婚女性 = モレがある

新たな事業領域への
展開オプションを考える

●自社の強みや資産を活かすのが基本

　続いて、既存の事業領域を超えて新たな領域への展開を検討する場合のオプションの考え方について説明していこう。通常、新規事業領域への展開は、既存事業で培われた自社の資産や強みを活かして市場の機会を捉える、というように考える。自社にとって本当に未知の事業領域に出て行くことは、あまりお勧めできることではない。やはり、市場に機会がある、魅力がある、ということに加えて、自社の強みや資産が何らか活かせるかどうか、ということを一つの軸として考えるべきだろう。

　そういった観点から、いくつかの考え方を紹介しよう。まず、一つは業界のバリューチェーンをベースにした考え方。そしてもう一つは、ビジネスモデルに着目した考え方。三つめは、自社の資産・能力をどう活用できるか、という視点からの考え方である。以下、順に説明していく。

●バリューチェーンの視点で考える

　業界全体のバリューチェーンを整理すると、その中で現状自社がバリューチェーン上のどの範囲で事業を展開しているか、ということを整理できる。会社や事業によっては自社でほぼ全てのバリューチェーンをカバーしていることもあるが、多くは業界全体のバリューチェーンの中の一部で事業を展開している。そこで、一つの考え方として、自社が位置する領域からバリューチェーン上で上流や下流に展開していける可能性はないか、もしくはバリューチェーン上

で自社が対象とする事業領域を変えることによる成長の可能性はないか、という見方ができる。

例えばアパレル業界で考えてみると、「ブランディング」「店舗開発」「企画」「調達」「製造」「物流」「営業」「店頭販売」といった具合に業界のバリューチェーンを整理できる。昔はアパレルメーカーといえば、卸事業を手がけていた。つまり、基本的には「企画」から「営業」までをカバーしていた。しかし、現在アパレルメーカーで主流なのは、製造小売（SPA）という業態である。これは、自社で店舗を持ち、「ブランディング」から「店頭販売」まで一貫して管理運営するモデルだ。これは、従来の卸型メーカーが、バリューチェーンの上流・下流に展開して新たな事業を構築した事例である。一方で、昨今のSPAモデルにおいては、「製造」「物流」に関してはアウトソースが進んでおり、実際には中国にある縫製工場が生産を担当し、物流専門企業が商品を中国から国内の自社倉庫・自社店舗に配送している。

また、自動車業界においても、近年ではアウディやBMWなど、海外の高級車ブランドを中心に、従来ディーラーに任せていた「販売」「アフターサービス」機能を、直営店によって自社で管理運営する動きが見られる。これも、バリューチェーン上で下流へと展開していった事例と言えよう。

バリューチェーンにおける位置付けを大きく変えた事例としては、半導体業界などはその典型と言える。従来、開発から設計、製造が一貫して同一の企業において行われてきていたが、ファウンドリーと呼ばれる、製造だけに特化した企業が出現し、開発・設計と製造とが分離されるようになった。結果、半導体メーカーは開発・設計に注力し、製造はファウンドリーが担当することによって、多

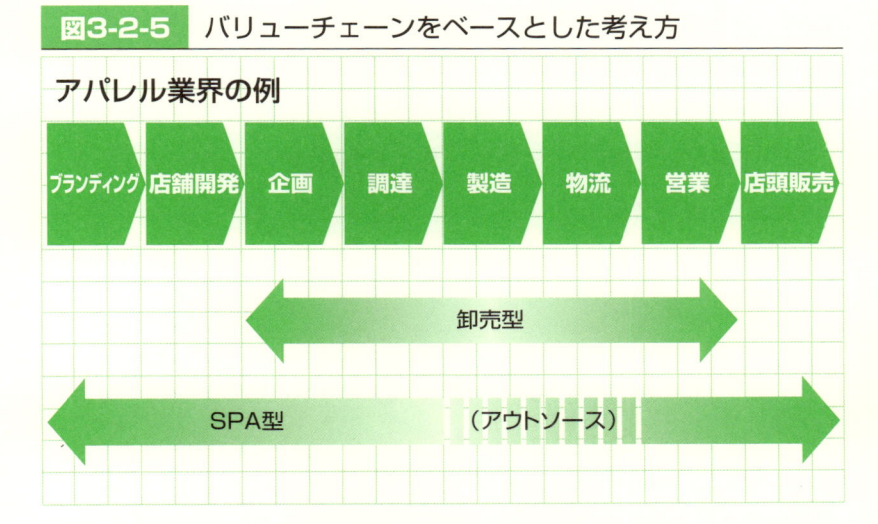

図3-2-5 バリューチェーンをベースとした考え方

アパレル業界の例

ブランディング → 店舗開発 → 企画 → 調達 → 製造 → 物流 → 営業 → 店頭販売

- 卸売型：企画～営業
- SPA型：ブランディング～店頭販売（製造～物流は アウトソース）

様な製品をタイムリーに市場に投入することができるようになり、生産面でのフレキシビリティも増大した。

このように、バリューチェーン上の位置付けや役割分担を組み変えることによって、更なる成長が実現することもある。

バリューチェーンを軸に成長オプションを考える場合のステップとしては、まず業界のバリューチェーンを書き出してみて、その中で自社がどの領域をカバーしているか、特定することから始める。その上で、**自社の領域から上流もしくは下流への展開が可能か、もしくは自社が位置する領域をどう組み替えうるか**、といったことを考えていく。これが成長オプションとなる。

● ビジネスモデルの視点で考える

続いて、ビジネスモデルを切り口として検討する場合について見ていこう。ビジネスモデルとは、一言で言えば、**「誰から、何の対価として、どのように対価を取るか」**ということである。このビジ

ネスモデルを変更することによって、新たな事業として成長を目指していける可能性がある。

　ビジネスモデルの観点から成長オプションを考える上では、**対価を得る相手を変える、お金を得るために提供するものを変える、対価の取り方を変える**、といった三つの視点が考えられる。いくつか例を見てみよう。

　ここ数年ですっかりメジャーになった音楽配信サービス。これはまさに音楽のビジネスモデルを大きく変えた代表的な事例の一つだ。従来、レコード会社はレコード、最近ではCDを制作し、CDをレコード店経由で販売することによって、消費者からCD代金として対価を得ていた（実際にはレコード店が仕入れて販売しているので厳密に言うともう少し複雑だが、ここでは話を単純にするために消費者から対価を得ていると考える）。音楽配信サービスにおいては、レコード会社はCDではなく楽曲そのものの電子データを消費者に直接販売し、楽曲1曲ごとに対価を得る仕組みになっている。対価を得る相手は変わっていないが、対価の代わりに提供するもの（CDから楽曲1曲単位に）と、取り方（CDの代金として受け取ることから、楽曲単位でダウンロードするごとに代金を取る）が変わった。

　別の例で言えば、建設機械のケースがある。従来、建設機械は業者がリース等で購入して利用することがほとんどだったが、最近では利用する都度レンタルすることが多くなってきている。そこで、建機メーカーでは販売中心のモデルから、レンタルのモデルへと舵を切るところが出てきている。この場合、業者に販売する、というモデルから、業者が利用する都度代金を支払うというモデルに転換していることになる。

図3-2-6　ビジネスモデルを軸とした考え方

	CD販売モデル	音楽配信モデル	従来の電話サービス	スカイプ
誰から	・消費者から	・消費者から	・消費者から	・企業から
何の対価として	・CDの対価として	・楽曲1曲の対価として	・電話サービスの利用の対価として	・無料電話サービスユーザーに対する広告の対価として
どのようにお金を取るか	・販売代金を得る	・ダウンロードするごとに代金を取る	・電話料金を得る	・広告料を得る

　このように、ビジネスモデルを変えることによって新たな成長の可能性を見出せることがある。どのようにビジネスモデルを変えうるか、ということが成長オプションとなる。ビジネスモデルを切り口として考える場合は、まず自社の現状のビジネスモデルを整理した上で、対価を取る相手、対価の代わりに提供する価値やメリット（製品、サービス）、対価の取り方、の大きく三つの視点から、それぞれをどう変えていく方向性がありそうか、検討していくことになる。

●自社資産・能力の視点で考える

　自社の資産といっても有形・無形のものが存在する。有形の資産とは、資金や不動産、工場等の設備であり、無形の資産とは、ブランド力、顧客基盤、取引先のネットワーク、人材、技術力である。

また、能力とは、言い換えれば自社が持つ機能、バリューチェーン上で自社が提供している機能を指す。例えば、R&D、製造、物流、営業、マーケティングなどである。

　現状分析の結果、自社の能力や資産のどういった部分に強みがあるのか、またはそもそも自社がどういった能力や資産を持つのか、ということは明らかになっているはずだ。そこで、それらを活用して、従来とは異なる新たな事業を展開できる可能性はないか、考えることができる。これが、自社の資産・能力の観点から成長オプションを考える、ということである。

　いくつか考え方の例をあげてみよう。わかりやすいのは、自社のブランド力を活かし、新たな製品やサービスを提供することができないか、というものだ。一定以上の力のあるブランドを持つ企業であれば、そのブランド力を他の事業にも活かせないか、と考えるのは当然の流れである。

　また、自社の既存顧客に対して従来とは異なる商品を販売することによる成長も選択肢として考えられる。自社の生産能力に余力があるのであれば、他社製品の製造を請け負うというビジネスの可能性も考えられるし、自社が持つ技術を活かして従来とは異なる商品を生み出す、ということもありうる。さらに、自社にいる人材を活用して、彼らの持つスキルや能力を他の事業に転用していく、という考え方もできる。自社商品を、従来とは異なる用途に転用することによる新規事業も可能性がある。

　さらに、自社のビジネスに対する風土や考え方を起点に新規事業を展開していくケースもある。例えば、イギリスのヴァージングループは、業界の既存ルールの矛盾や非効率性、非合理性を突き崩すことを自社の風土、ポリシーとして持っていたが、航空や鉄道、音

楽販売など、規制や業界習慣によってそうした矛盾や非効率性、非合理性が存在する領域に次々と展開していった。こうした事例も、大きな視点で捉えれば、自社の資産や能力を活かした展開だと見ることができる。

　このように、自社の資産や能力を起点として、多様な成長オプションを考えることが可能だ。必ずしもいいアイデアが浮かぶ方法論や手法はないので、現状分析で整理した自社の強み・弱みをベースにしつつ、あれこれと地道に考えてみることが重要である。

図3-2-7　自社の資産・能力を起点とした考え方

		具体例
有形資産	・資金力、不動産、工場や設備等の有形の資産	・自社の不動産や設備を活かして新たな事業を展開　など ー鉄道会社の駅ビル、駅ナカ
無形資産	・ブランド力、取引先、顧客基盤、技術等の無形の資産	・ブランド力を活用してビジネスを拡大 ・取引先や顧客基盤に対して新たな商品やサービスを販売　など ー小売企業等のカード事業、有力ブランドのレストランやホテルの展開
組織	・資金力、不動産、工場や設備等の有形の資産	・人材や風土・文化を活かした新規事業展開　など ー英ヴァージングループ
能力	・研究開発、マーケティング能力、調達・生産・物流、営業力・販売力など、バリューチェーン上の機能、能力	・自社の能力や機能を活用した新たな事業への展開　など ー食品・飲料メーカーの医薬品・健康食品事業

●どうやって競争に打ち勝つか、考える

新規事業での成長を考える場合でも、既存事業の場合と同様に、何をもって差別化要素、競争優位を確立するか、という点についてのオプションの検討を忘れてはならない。基本的には既存事業の項で説明したのと同様、コストリーダーシップを目指すか、差別化を目指すか、ニッチを目指すか、という大きくは三つのオプションが考えられる。バリューチェーンやビジネスモデル、自社の資産等から導き出された方向性を検討していくに当たり、どういった差別化、競争優位を確立していけるのか、という基本的な戦略の方向性は欠かせない。そして、それを具体的に何によって実現していくのか、という点もあわせて検討しておくべきである。

ここでも下図のようなマトリクスを作るとよい。それぞれの成長オプションでいずれの優位性構築が可能なのか、ということを組み合わせて考えることによって、新規事業における成長オプションを最終化できる。

図3-2-8 新規事業による成長オプションと優位性

	PCメーカーの 新規事業オプション例	コストリーダーシップ	差別化	ニッチ
バリューチェーン視点	製造をアウトソースする(ファブレス化)			
	自社の販売チャネルを構築する(直販化)			
ビジネスモデル視点	販売モデルからレンタルやリースに転換する			
	サービス利用の特典としてPCは無料化(サービス料で回収)			
資産・能力視点	企画機能を活かして周辺機器を展開			
	…			

果たしてどういった優位性構築の可能性があるのか?

優位性構築の可能性が少ないオプションは、あまり筋のいいオプションではない可能性も…

収益性向上による成長オプションを考える

●粗利率を高めるか、コストを削減するか

　企業や事業の成長は、必ずしも売上を拡大していくことだけにあるわけではない。収益性を高めていくことも重要な成長オプションの一つだ。収益性向上のオプションとしては、通常、**粗利率を高めるか、販管費等のコストを削減するか**、いずれかが主となる。

　粗利率を高めるためには、原価を維持しつつ価格・売価をあげるか、もしくは価格・売価を維持しつつ原価を下げるか、大きく二つの方向性がある。近年、前者のオプションを取ることは非常に難しく、現実的には後者を中心に考えていくことになるだろう。さらにその具体的な方策として、仕入先を変更する、生産委託先を変更す

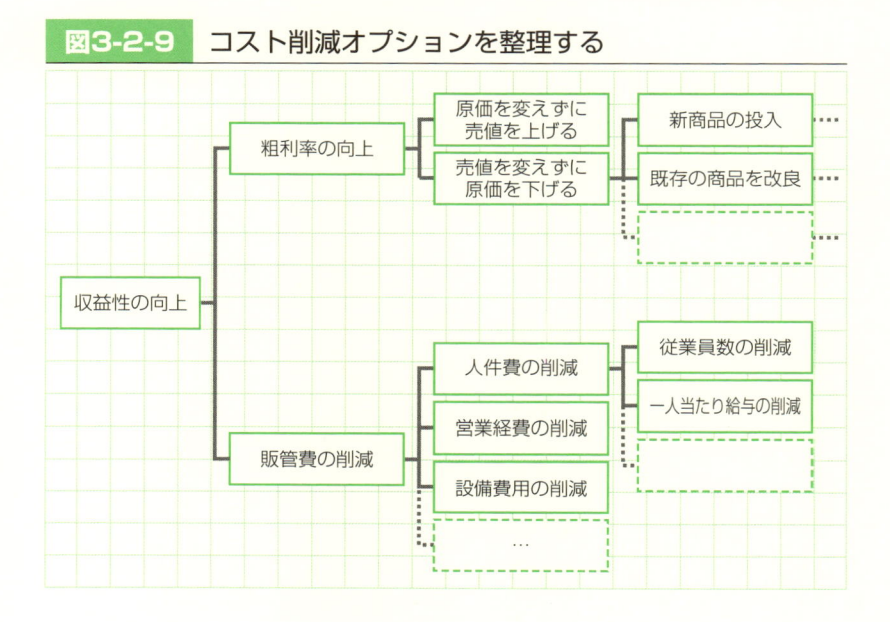

図3-2-9 コスト削減オプションを整理する

```
収益性の向上
├─ 粗利率の向上
│    ├─ 原価を変えずに売値を上げる
│    │    ├─ 新商品の投入
│    │    └─ 既存の商品を改良
│    └─ 売値を変えずに原価を下げる
└─ 販管費の削減
     ├─ 人件費の削減
     │    ├─ 従業員数の削減
     │    └─ 一人当たり給与の削減
     ├─ 営業経費の削減
     └─ 設備費用の削減
```

る、原材料を変更する、原材料を集約してスケールメリットによるコストダウンを図る、設計変更による原価低減を狙う、など様々なオプションが考えられる。

　販管費等のコスト削減という点においては、基本的には各費目ごとに検討していくことになる。どのあたりに削減余地がありうるのか、といった可能性を探っていくことによっていくつかのオプションが浮かび上がってくる。また、少し角度を変えて考えてみると、事業別、製品別、地域別などといった切り口でもコスト削減のオプションを検討できる。

> **ワーク**　あなたの会社やあなたが担当している事業について、下記の視点でオプションツリーを考えてみよう。
>
> ①既存事業での売り上げ拡大オプション
>
>
>
> ②収益性向上による成長オプション

成長オプションと現状分析の成長機会を照らし合わせる

●可能性はある？

　ここまでに説明してきたように、成長の方向性の選択肢は様々な観点から考えることが可能だが、理論上の可能性を洗い出すだけではまだ最終的な成長オプションとしては不十分である。なぜなら、現状分析の結果得られた成長機会と合致していなければ、理論上は可能性があったとしても、実際にはその選択肢は取りえないからである。そこで、理論上のオプションの中から、ある程度現実的に可能性がありそうなものに絞り込むことが必要となる。

　具体的には、オプションツリーやバリューチェーン、ビジネスモデル、自社の資産や能力、及び優位性構築の方向性をベースに考えた様々な成長のオプションと、SWOT分析で得られた成長に向けた機会を照らし合わせていく。例えば、新たなニーズが発生してきているという機会があれば、そうしたニーズをいち早く取り込むことによって新たな顧客の獲得やシェアアップを実現できるかもしれない。また、競合の弱体化が進んでいるのであれば、競合の顧客を奪取することは有望な選択肢になりうる。あるいは、自社の商品や強みを生かすことができそうな全く異なる事業領域がある場合には、そこに新たに事業展開していくことも選択肢になりうる。

　逆に、オプションツリー上は選択肢として挙がっても、実際にはあまり可能性がない場合もある。わかりやすい例で言えば、**既に市場におけるシェアが40％、50％を超えるような状態であれば、一般的にはシェアアップによる成長は見込みづらい**。また、競合が非常に強いポジションを確立しているような場合には、競合顧客の

第3章　戦略策定ステップ②　戦略オプション策定

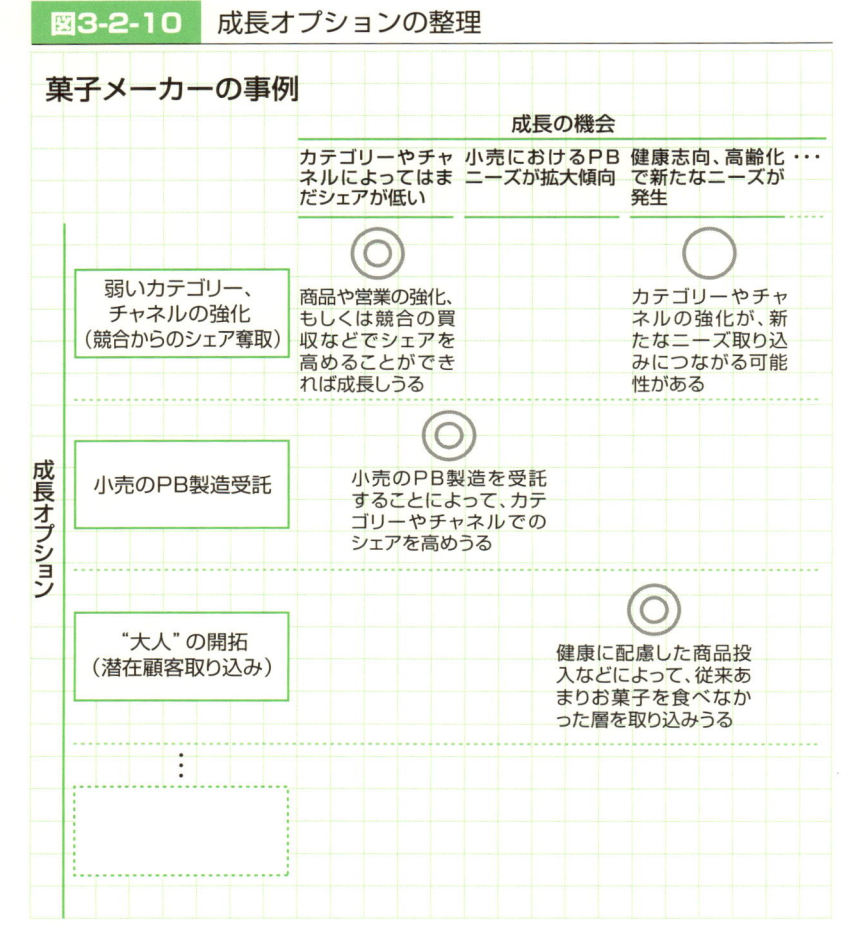

図3-2-10　成長オプションの整理

菓子メーカーの事例

成長オプション	成長の機会		
	カテゴリーやチャネルによってはまだシェアが低い	小売におけるPBニーズが拡大傾向	健康志向、高齢化…で新たなニーズが発生
弱いカテゴリー、チャネルの強化（競合からのシェア奪取）	◎ 商品や営業の強化、もしくは競合の買収などでシェアを高めることができれば成長しうる		○ カテゴリーやチャネルの強化が、新たなニーズ取り込みにつながる可能性がある
小売のPB製造受託		◎ 小売のPB製造を受託することによって、カテゴリーやチャネルでのシェアを高めうる	
"大人"の開拓（潜在顧客取り込み）			◎ 健康に配慮した商品投入などによって、従来あまりお菓子を食べなかった層を取り込みうる
⋮			

奪取はあまり現実的ではないかもしれない。

　最終的なオプションの評価は別途行うので、ここではあまり実現性などについて気にしすぎる必要はないが、ある程度、現状分析の結果に沿った整理は必要である。そのためには、図にあるように、オプションツリー等で考えた成長方向性の選択肢と現状分析結果の「機会」を並べて書き、相互に対比していくとよい。

ワーク 162ページのワークで作ったオプションと、自社分析で洗い出した機会から、図3－2－10を参考にオプションを整理してみよう。

3-3
「脅威への対応オプション」

　将来の成長が阻害されることのないように、どの脅威に対してどのように優先的に対応していくべきかを決めるのが「脅威への対応オプション」だ。しかし、脅威は見方を変えれば機会にもなりうる。ここで説明しておこう。

この項目で学ぶこと

- □ 「脅威への対応オプション」を考えるときには、まず存在する脅威が、具体的にどう自社の経営にインパクトを与えうるかという点を考えておく必要がある。
- □ 脅威への対応オプションは、「売上減少リスクに対応する」「売上停滞リスクに対応する」「収益性の悪化リスクに対応する」という視点で見ていく。
- □ オプションができあがったら、現状分析結果の脅威とそれに対応するオプションをまとめて表にしておくとよい。
- □ 脅威を逆手にとってチャンスにするということも重要である。

脅威への対応オプションの考え方

●まず自社へのインパクトを整理する

現状分析結果として想定される脅威としては、例えば、次のようなものがある。

- 市場規模が縮小傾向
- 消費者のニーズ、ライフスタイルが変化
- 新規参入の脅威
- 代替商品の脅威
- 既存顧客のリピート率が減少傾向
- 既存顧客の満足度が低下傾向
- 競合に顧客が流出傾向
- 業界のKSFが変わりつつある(今までの武器が通用しない)
- 供給者、買い手の交渉力が増大

対応のオプションを考える上では、そうした脅威が、具体的にどう自社の経営にインパクトを与えうるか、という点を考えておく必要がある。例えば、「市場規模が縮小傾向」などは比較的わかりやすい。仮に自社のシェアが一定だとしたら、市場が縮小する分自社の売上も減少していく、ということになる。さらに、そうした中で従来どおりのコスト構造を維持し続けたとすれば、収益性の悪化に直面することになるだろう。また、「既存顧客のリピート率や満足度が低下傾向にある」とすれば、将来的に顧客が離れたり顧客一人当たりの売上が減少したりして、売上低下につながっていく可能性

がある。また、「業界のKSFが変わりつつある」のであれば、従来のままの事業運営では競合に負け、結果顧客を奪われてしまう恐れがある。このような脅威に対してどう対処していくか、その方向性の選択肢が「脅威への対応オプション」である。

「脅威への対応オプション」を検討していく上では、まず、そうした脅威の自社へのインパクトについて整理する。具体的には、まず明らかになった脅威が自社の売上減少につながると想定されるのか（**売上減少リスク**）、それとも自社の売上が大幅に減少することはないにしてもこれ以上拡大していくことも難しいと想定されるのか（**売上停滞リスク**）、あるいは収益性の悪化につながると想定されるのか（**収益性悪化リスク**）、もしくはその組み合わせ（売上減少もしくは売上成長が見込めない＋収益性の悪化）なのか、いずれのリスクがあるのか、ということを確認しておこう。その上で、それぞれのリスクをいかに未然に防ぐか、もしくはその影響を最小化するか、その方法を考えていく。

方法として考えられる選択肢を検討していく視点や切り口は、実は成長オプションで解説したものと基本的には同様である。成長オプションの説明で取り上げた視点、切り口としては、「顧客」「商品等のマーケティング」「オペレーション」「バリューチェーン」「ビジネスモデル」「自社の資産、能力」「コスト」といったものがあった。これらは脅威への対応オプションを考える上でも有効な視点、切り口である。

以下、売上減少リスク、売上停滞リスク、収益性悪化リスクの場合に応じた考え方について、詳しく説明していこう。

「売上減少リスク」に対応する

●市場規模自体が伸びている場合

　売上減少リスクが考えられる場合、まず市場規模そのものの推移や今後の動向について確認しておく必要がある。

　市場規模自体が伸びている、もしくは一定水準で安定している場合には、自社の売上が減少しうると考えるその要因を特定し、それをどう改善していけるか、ということをオプションとして考える必要がある。別の角度から言うと、優位性が失われつつある、ということであり、いかに失われた優位性を取り戻しうるのか、ということが大きな論点となる。

　①「顧客」の視点で考える

　まず「顧客」という視点で考えた場合、これまでのターゲット顧客層と同じ顧客層を狙っていけばいいのか、それともターゲット顧客層を変えていくべきなのか、ということがポイントとしてあげられる。従来の顧客層が減少傾向である、といったような場合には、新たに出現してきている顧客層を取り込むことも考えなければならないだろう。新たなターゲット層を狙っていく場合には、提供価値や商品、価格、チャネル、プロモーション、地域、オペレーション等で変更していくべきことも出てくるだろう。また、顧客のニーズに対応しきれていない、もしくは競合との競争において劣っている、という場合には、何を変えていけばニーズに対応できるのか、競争優位性を確立できるのか、ということがポイントになろう。具体的には、やはり提供価値、商品、価格、チャネル、プロモーション、地域、オペレーション等の何をどのように変えていけばいいか、と

図3-3-1 売上減少リスクへの対応オプション①市場規模は成長傾向

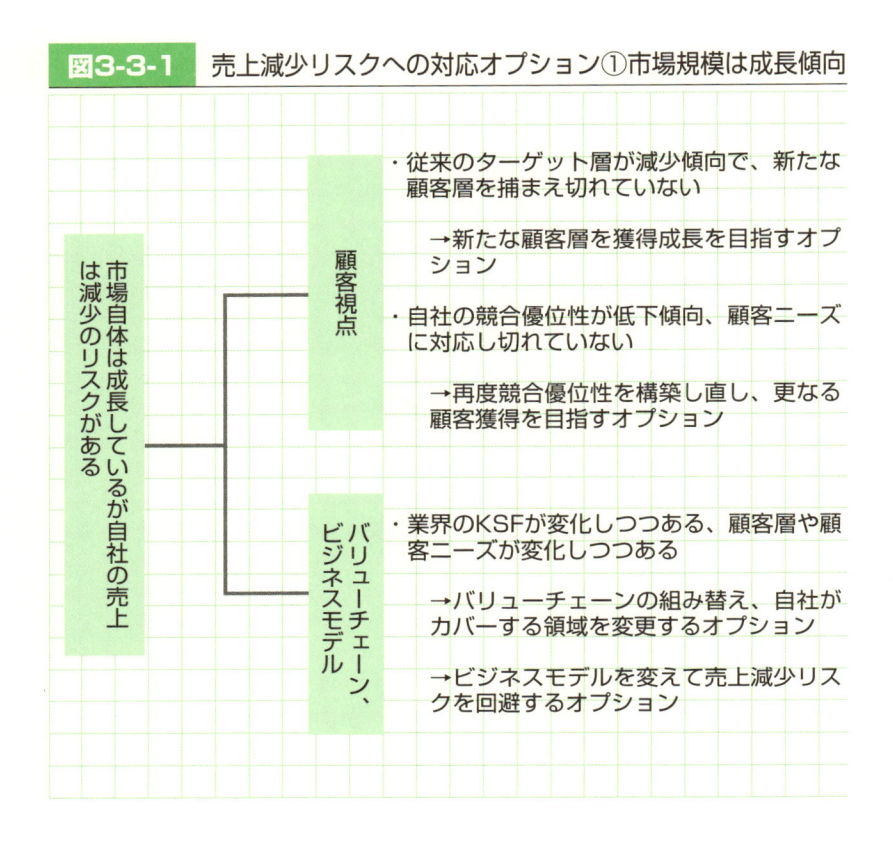

```
                                    ・従来のターゲット層が減少傾向で、新たな
                                      顧客層を捕まえ切れていない
                         顧客
                         視点           →新たな顧客層を獲得成長を目指すオプ
市場自体は成長しているが自社の売上          ション
は減少のリスクがある
                                    ・自社の競合優位性が低下傾向、顧客ニーズ
                                      に対応し切れていない

                                        →再度競合優位性を構築し直し、更なる
                                          顧客獲得を目指すオプション

                         バリュー    ・業界のKSFが変化しつつある、顧客層や顧
                         チェーン、    客ニーズが変化しつつある
                         ビジネス
                         モデル          →バリューチェーンの組み替え、自社が
                                          カバーする領域を変更するオプション

                                        →ビジネスモデルを変えて売上減少リス
                                          クを回避するオプション
```

いうことを考えていくことになるだろう。

②「バリューチェーン」「ビジネスモデル」の視点で考える

続いて、「バリューチェーン」や「ビジネスモデル」という視点で考えた場合には、これらを変更することによって、自社の売上減少を食い止め、市場におけるシェア拡大を実現しうるのか、ということを考えていくことになる。特に業界の成功要因（KSF）が変化しつつある、というような場合には、特に抜本的な事業の見直し、変革が必要になるケースが少なくない。例えば、アパレル業界においては、以前は卸売型のメーカーが主流を占めていたが、現在では

SPA型のメーカーが主流を占めるに至ったということについては前述した。これは、まさに「バリューチェーン」「ビジネスモデル」を変更することによって脅威・リスクを克服し、成長につなげた事例と言えよう。90年代、卸売型のモデルに限界を感じたワールドは、いち早くSPA型の事業への転換を推し進めた。競合他社も、従来型の卸売型モデルでは将来的な成長は難しいと考え、ときを同じくしてSPA型モデルへの転換を進めていった。こうしてSPA型モデルへの転換を成功させた企業はシェアを拡大し、成長を続けたが、SPA型モデルへの転換に失敗した企業や転換が遅れた企業は、現在では業績の悪化に苦しんでいる。

このように、「バリューチェーン」や「ビジネスモデル」を変更することによって、売上減少リスクを回避し、その後の成長に続けていくことが可能となるケースも存在する。

●市場規模自体が減少している場合

市場規模自体が減少している場合は、話は多少異なる。この場合、取りうるオプションとしては、競合のシェアを取り込んで自社の売上を維持もしくは増加させようと考えるか、あるいは売上が減少することを前提に事業を再構成するか、もしくは究極的な意思決定としては事業から撤退するか、ということが考えられる。

自社の売上を維持、増加させようとするのであれば、いかに競合からシェアを奪うか、ということが唯一最大の論点となる。圧倒的な優位性を構築するか、M&Aによって買収するか、といったことが考えられる。優位性構築のためには、商品などのマーケティング面、オペレーション面で具体的に何を変えていくことが必要か、考えなくてはならない。また、「バリューチェーン」や「ビジネスモ

デル」の変更によって状況を打破できるかどうか、といった視点もある。ウィルコムによるPHS事業などは、まさにこうしたケースに当てはまる事例であろう。PHS市場は、携帯電話との競争に敗れ、大幅に規模縮小に転じた。しかし、そうした中でウィルコムはデータ通信に重きを置いた戦略により独自の価値創出を目指し、PHS市場で唯一のプレーヤーとして、縮小する市場でシェアを最大化することを目指した。パケット通信の定額料金制やデータ通信専用の端末投入などを進め、現在では一定の業績をあげている。このように、市場自体が縮小している中でも、その中で圧倒的なリーダーになることができれば、再び成長を実現できることもある。

　一方で、自社の売上減少をやむなしと考え、売上減少を前提とした事業の再構成を考えるというオプションもある。通常、売上が減少する場合、最も影響があるのは収益性が悪化していくことだ。そこで、売上が減少することを前提としたコスト構造やビジネスモデルに変更していくことが考えられる。昨今の国内の新車販売などはその典型であろう。国内の新車販売台数はここ数年減少傾向にある。若年層のクルマ離れ、使用年数の増加、中長期的な人口減少など、市場環境を考えると、今後新車販売台数が大幅に増加に転じることは想定しづらい。メーカー各社にしても、シェアを大幅に上げていくこともそう容易には考えづらい。そこで、各社は基本的には販売台数が減少していくことを前提とした事業運営を模索し始めている。販売台数が減少しても収益性を確保できるよう、例えば販売拠点の統廃合などの合理化を進めようとしているケースも存在する。売上減少を前提とする場合には、このように事業の大幅な構造改革を迫られるケースが多い。

いずれにせよ、市場規模自体が縮小する状況においては、その市場において圧倒的なリーダーとなり、いわゆる残存者利益を狙うのか、もしくは将来的には撤退することも視野に入れ、より効率的な事業運営によって多少なりとも収益を稼いでいくのか、もしくは即時撤退を覚悟するか、といった思い切った戦略オプションを検討する必要が出てくる。

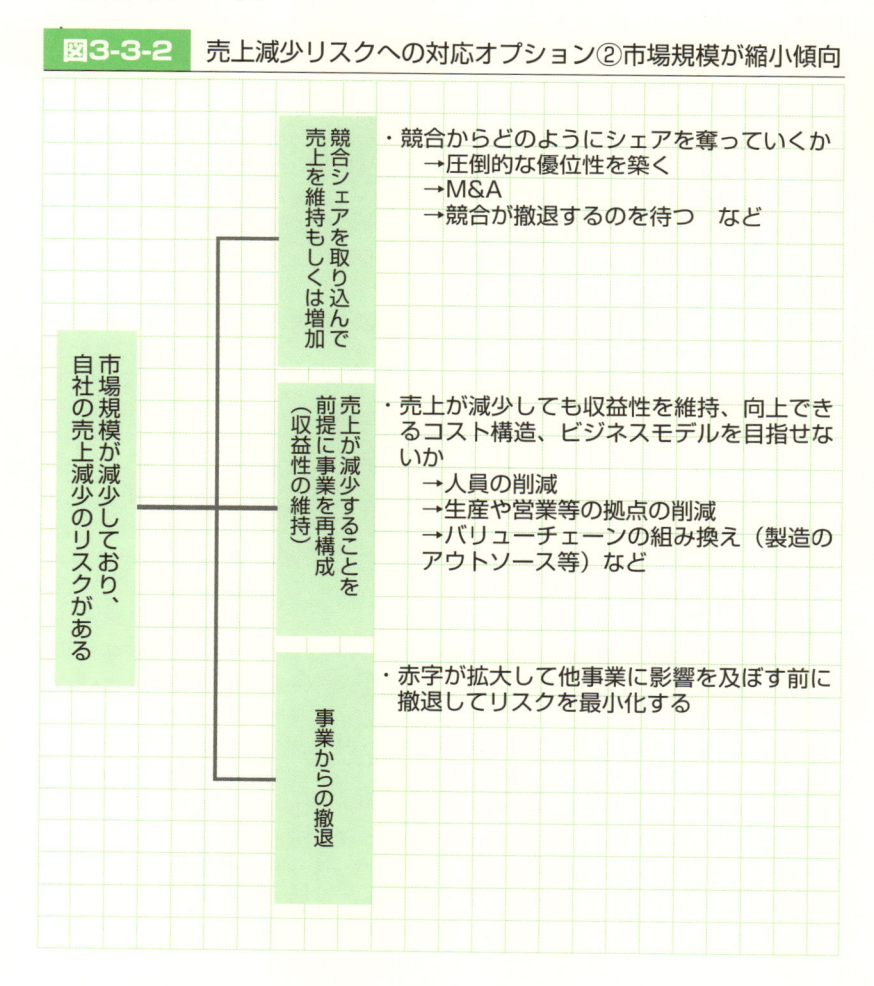

図3-3-2 売上減少リスクへの対応オプション②市場規模が縮小傾向

市場規模が減少しており、自社の売上減少のリスクがある

- 競合シェアを取り込んで売上を維持もしくは増加
  - 競合からどのようにシェアを奪っていくか
    - →圧倒的な優位性を築く
    - →M&A
    - →競合が撤退するのを待つ　など
- 売上が減少することを前提に事業を再構成（収益性の維持）
  - 売上が減少しても収益性を維持、向上できるコスト構造、ビジネスモデルを目指せないか
    - →人員の削減
    - →生産や営業等の拠点の削減
    - →バリューチェーンの組み換え（製造のアウトソース等）など
- 事業からの撤退
  - 赤字が拡大して他事業に影響を及ぼす前に撤退してリスクを最小化する

「売上停滞リスク」に対応する

●中長期的には大きなリスク

　現状のままではこれ以上の成長が見込めない、ということも、特に中長期的な視点に立つと、企業にとっては非常に大きなリスクである。この場合にも、まず市場規模自体の動向について見ておく必要がある。

　①市場規模は成長している場合

　市場規模自体は成長しているのに自社が成長を見込めないとすると、それは自社よりも優位に立っている競合が存在している、もしくは顧客ニーズに対応できていないためだと考えられる。この場合には、先の「売上減少リスクに対応する」で述べたように、競合に対する優位性を確立する、もしくは顧客ニーズに対応するために何が必要か、ということを考えていけばよい。

　②市場規模の伸びが期待できない場合

　市場規模自体がこれ以上の伸びを期待できない場合には、現状のシェアを維持しているだけでは自社の売上拡大は見込めない。そこで、他社のシェアを獲得して更なる売上成長を目指すのか、もしくは現状の売上を前提として収益性をさらに高めていくことを目指すのか、というオプションが存在する。

　他社のシェアを奪っていく場合には、基本的な優位性確立の方向性として、「コストリーダーシップ」「差別化」「ニッチ」いずれを目指していくのか、そして、それぞれを実現するための方法論を考えなくてはならない。マーケティングやオペレーション改善、バリューチェーンやビジネスモデルの変更によって優位性を確立し、競

合からシェアを奪っていけるのか、もしくはM&Aによってシェアを奪取し、優位性を確立していくのか、いくつかオプションが考えられよう。

　一方、現状の売上を前提に収益性を高めていくことを目指すのであれば、主にオペレーションやコストの側面からの対応が必要となろう。一部業務をアウトソースするなどバリューチェーンの変更も有効かもしれない。

「収益性の悪化リスク」に対応する

●コスト増加を抑えるか、価格に転嫁するか

　収益性悪化のリスクが存在する場合、売上の減少や停滞が主な原因となる場合と、原材料の高騰、供給者や買い手の交渉力の増大、販管費の増加など、売上以外の要素が原因となる場合とが考えられる。もちろん、その両方が重なるケースも存在する。売上の減少や停滞が主な原因となる場合については、「売上減少リスク」「売上成長が見込めないリスク」の項でそれぞれ簡単に触れているので、ここではそれ以外の原因で収益性が悪化するリスクがあるケースについて説明しておく。

　収益性悪化リスクに対しては、その要因に応じた対応が必要となるが、大きくは、何らかの方法によってトータルでのコスト増加を抑えるか、もしくはコスト増分を価格に転嫁するか、というオプションが考えられる。

　①コスト増加を抑える

　前者の場合、例えば原材料コストが高騰しても、製造や物流等のオペレーション効率の改善、販管費の圧縮等によってコスト削減を行い、コスト増分を吸収する、ということが考えられる。近年の日本企業の多くは、地道なコスト圧縮、生産性向上によって原材料コストの上昇分を吸収してきた。また、仕入先を変更することによってコストを抑える、仕入先を絞ることによってスケールメリットを利かせコストを抑える、といったオプションも考えられるだろう。供給者や買い手の交渉力が増加し、仕入れコスト増加や販売価格の低下が見込まれるような場合にも、自社の努力によってその他のコ

ストを抑制し、トータルでの収益性悪化を防ぐ、ということが考えられる。供給者の交渉力増加であれば、仕入先の変更や使用する原材料の変更なども考えうるし、買い手交渉力増加であれば、チャネルの変更などもオプションになるだろう。

②価格に転嫁する

しかし、自助努力だけでは限界があることも少なくない。その場合にはコスト増加分を価格転嫁せざるを得ないことになる。昨今の原油価格や穀物価格の急騰には多くのメーカーが耐え切れず、食品や物流など多くの分野で値上げが相次いでいるが、まさに自助努力だけでは収益性維持に限界が来たことを意味している。

ただし、価格転嫁するためには、買い手との交渉力において自社がある程度の力、優位性を持つことが必要だ。そのためには、自社が市場において独自性、他社にはない要素、を持っていることが必要となる。例えば圧倒的なシェアを持っている、自社しか提供できない製品やサービスがある、自社の商品なくしては買い手のビジネスが成立しない、といったポジションを構築できていればよい。

もっとも、たとえ優位なポジションを築いていても価格転嫁できない場合もある。例を見てみよう。昨今の資源高騰により、自動車の製造コストは増加傾向にあり、さすがのトヨタでも生産性向上やコスト削減など自助努力による収益性の維持は困難になりつつある。しかし、トヨタは国内では40％以上のシェアを誇っているにもかかわらず、価格転嫁は困難だという見解を示している。自動車に対するニーズが相対的に低下している中で値上げを行えば、消費者の購買意欲を大きく損なう、という判断があるからだ。このように、価格転嫁による収益性悪化リスクへの対応は一筋縄では行かないのが実情である。

脅威への対応オプションを
まとめる

●表にしておく

　最後に、現状分析結果の脅威と、それに対する対応オプションをまとめて表にしておくとよい。これによってどういった対応オプションがあるか明確になるし、この後考えていくべき優先順位等の検討においても有用である。

図3-3-3　脅威への対応オプションの整理

携帯電話メーカーの例

脅威への対応オプション（例）	成長を阻害する脅威（例）		
	携帯電話の普及率はほぼ最大値に達しつつあり、これ以上の大幅成長はない	料金体系が変更され端末の実勢価格が上昇、買い替えサイクルが長期化	高機能化の結果、開発投資が莫大になり、回収のリスクが増加
シェアを上げてリーダーを目指す（残存者利益を取る）	◎ ・依然一定の市場規模は確実に存在しており、そこでリーダーになれれば勝機はある		◎ ・シェアが高まれば、投資を回収できる見込みが高まる
海外展開を強化する	○ ・国内での普及は限界に近いものの、海外はいまだ成長市場		◎ ・海外では日本ほどの高機能は求められないことも多く、リスクは低下
撤退する		◎ ・どうしても"勝つ絵"を描けないのであれば、撤退は一つの有効なオプション	

脅威はチャンス

●別視点でのオプションになりうる

　脅威を逆手にとってチャンスにする、ということも、一つの重要な視点である。現状の事業において売上減少や売上成長停滞のリスク、収益性悪化のリスクなどがあるのであれば、既存事業以外の新たな事業領域への展開を考えることも一つの有効な対応オプションである。また、そもそも売上減少や収益性悪化に対して、それを打開する有効な方策が見つからないような場合には、その事業からの撤退もオプションとして検討すべきだろう。

> **ワーク**　あなたの会社やあなたが担当している事業についての脅威をまとめ、対応オプションを考えてみよう。

3-4 「強化・補強すべき強み・弱みのオプション」

「成長オプション」「脅威への対応オプション」を検討したら、その上でこれらを実現するために、自社のどの強みを磨き、どの弱みを補強するのかを考える。ここをクリアできれば、あとはまとめの段階に入っていく。

この項目で学ぶこと

☐ 強化・補強には「選択と集中」が必要である。このとき「成長オプション」「脅威への対応オプション」「KSF」の視点が重要になる。

☐ 「成長オプション」や「脅威への対応オプション」は、自社の強みや弱みと照らし合わせることによってある程度絞られてくる。

☐ KSFの観点から見て必要度の高い要素について自社が強みを持っていない場合、その強みは創出するものとしてリストアップしておくべきである。

強化・補強すべき強み・弱みのオプションの考え方

●選択・集中するための二つの視点

　当然のことながら、弱みはできる限りなくし、強みはたくさん持っていたほうがよいに決まっている。しかしながら、企業の経営資源には限りがあり、強みを作ったり弱みをなくしたりすることには時間がかかるものもある。従って短期間で一度に全ての弱みをなくし、強みを増やしていくことは不可能である。そのため、どの強みを維持・強化、もしくは創出し、どの弱みについては補強していくのか、という選択と集中が必要になってくる。

　では、どういった視点でどのように選択と集中を行えばいいのか。大きく二つの視点が考えられる。一つは、機会と脅威の観点から検討した「成長オプション」や「脅威への対応オプション」の視点。これらのオプションを実行して優位性を確立していくためには、どんな強みが必要なのか、またはどの弱みを補強していくことが求められるのか、逆に、既存の強みを前提とした場合にはどのオプションが現実的なのか、という考え方である。

　もう一つは、業界の成功要因（KSF）の観点だ。KSFを充足するために、今自社にないどのような強みを創出すべきか、またどの弱みを特に補強しておくべきか、という考え方だ。

　以下、解説していく。

「成長オプション」「脅威への対応オプション」から絞り込む

●マトリクスを作成する

　前節までの作業で、成長機会オプションのリスト、脅威への対応オプションのリストができあがっているはずだ。それを縦軸に取り、自社の強み、弱みとを横軸に取ったマトリクスを作成してみよう（184ページ、図3－4－1参照）。

　このマトリクスを見ると、まず自社の現状の強みが活かせるオプションがどれか、絞り込むことができる。さらに、そのオプションを実行していくに当たって強化・創出すべき強みが何で、補強すべき弱みは何か、ということも明らかになってくる。具体的な考え方を見てみよう。

　まず、検討した成長機会オプション、脅威への対応オプションの中から、自社の強みが活かせるオプションを明らかにする。それぞれのオプションを実行していく場合に、何が成功要因（KSF）になるのか、ということをよく考える必要がある。自社の現状の強みとそのKSFがある程度一致すれば、そのオプションでは自社の強みが活かせる、ということになる。

　例えば、競合企業から顧客を奪いシェアを拡大する、というオプションがあったとする。そのためにカギとなるものが、コストパフォーマンスだったとしよう。自社の強みがバリューチェーン上の調達や製造にあり、競合に比較して同品質のものを低コストで製造できる能力が高い場合には、よりコストパフォーマンスの高い製品の投入によって競合優位性を高めていける可能性がある。

別の例で言うと、収益性悪化のリスクに対して価格転嫁で対応するというオプションがあったが、自社の業界でのポジションが圧倒的なリーダーもしくは特定領域で唯一無二の存在であるような場合であれば、価格転嫁のオプションは十分可能性があるだろう。

　逆に、オプションとして理論上は考えられても、自社の強みや弱みとマッチしないために現実的には実行が困難だと考えられるものもあるだろう。**自社のポジショニングが業界において２番手、３番手であるような場合であれば価格転嫁オプションは難しいだろう。**

　このように、成長オプションや脅威への対応オプションは、自社の強みや弱みと照らし合わせることによってある程度絞られてくる。そして、残ったオプションを実行していくために必要な強みに関しては、今後も維持、更なる強化が必要な強みということになる。

　続いて、そのオプションを実行するに当たって新たに創出すべき強みや補強すべき弱みについても検討していく。特にKSFの観点から見て必要度の高い要素について自社が強みを持っていない場合、その強みは創出すべきものとしてリストアップしておくべきだ。また、逆にKSFの観点から見て必要度の高い要素において自社が弱みを持っているとすれば、それは補強しておくべき弱みということになる。こうした観点から、新たに創出すべき強み、補強すべき弱みを整理する。

図3-4-1 成長・脅威対応オプションと強み・弱みのマトリクス

菓子メーカーA社の例

○／◎ ＝オプション実行にあたり活かしうる、もしくは更に強化すべき強み、及び補強すべき弱み

- 現状の強みを活かせるオプション
- 現状の弱みの補強が必要なオプション

成長・脅威対応オプション（例）	特定カテゴリーでトップシェア	幅広いカテゴリーで商品を展開	"定番商品"を複数保有
・シェアの低いカテゴリー／エリア／チャネルでのシェアアップ			
―営業体制強化			
―販促強化			
―新商品開発の強化、促進			
―"新定番商品"の育成			
―コスト競争力強化、低価格戦略	○		○
―既存定番商品との抱き合わせ強化	◎	◎	◎
・シェアの高いカテゴリー／エリア／チャネルでの更なるシェアの向上			
・PB受託の拡大		○	
・菓子以外の食品、飲料事業への進出 ◀			
・海外展開	○	○	○

（強み）

弱み

柔軟な製造能力	スーパーなどに一定の棚を確保	"足で稼ぐ" 泥臭い営業力	…	脆弱な新商品開発力	人員・プロセス面で弱い開発体制	新たな定番、ブランド育成が苦手	低収益性	リベートに依存した営業	健康系・機能商品への対応遅れ	…
		◎							○	
		○							○	
				◎	◎					
				◎	◎	◎			◎	
									○	
	○	○				○				
				◎	◎	◎			◎	
◎	○									

― 現状の強みも活かせず、かつ弱みを強化しても必ずしも実行できるかどうか不透明なオプション

| | | | | ○ | | ○ | | ○ | | |

第3章 戦略策定ステップ② 戦略オプション策定

プロの視点

　本文中では触れなかったが、現状分析、オプション策定において有効な分析のフレームワークのひとつとして、アドバンテージ・マトリクスを紹介しておきたい。

　アドバンテージ・マトリクスとは、「業界の競争要因が多いか少ないか」という視点と、「それらの競争要因が優位性の構築につながる可能性が大きいか小さいか」という視点によって、業界や事業を四つのタイプに分類する考え方である。

　詳細は187ページの図を参照してもらうとして、このマトリクスによる分析には大きく二つのポイントがある。まず、自らの事業がどのタイプに属するのか、つまり、どういった競争ルールの中で事業を行っているのか、ということを理解することである。本文では、5フォースやKSF（成功要因）等の分析によって業界の特徴を整理したが、それを別の角度から分析したものがこのアドバンテージ・マトリクスである。

　そして、もう一つのポイントは、現状の事業のタイプを前提にした場合に、どういった戦略オプションが考えられるのか、という点である。これには大きく分けて二つの考え方がある。一つは、その事業のタイプを前提として、その中でいかに優位性を構築していくか、ということ。もう一つは、そもそも事業のタイプを変える＝競争のルールを自ら変えていく、という考え方である。

　例えば、飲食店業界は本来は典型的な分散型事業だ。立地、品揃え、接客、価格など、多様な競争要因があるものの、絶対的な差別化を実現することは困難な業界である。そうした前提の中で、いかに顧客から支持される店作りを目指すか、という戦略はもちろん有効だ。しかし、そ

れではなかなか圧倒的な優位性を構築することが難しい。そうした場合には、そもそも競争のルールを変えてしまうことが差別化につながることがある。ファミリーレストランは、分散型事業である飲食店ビジネスを規模型事業に変えた例と言える。これによって、ファミリーレストランは従来の中小規模な飲食店とは異なる業態としてその地位を確立できた。

　このように、戦略オプションを検討するに際しては、事業のタイプ、競争のルールを大きく変えてしまうといった、「発想の転換」が有効であることもある。是非、現状に囚われすぎることなく、いろいろな可能性を多様な角度から試行錯誤することを忘れないで欲しい。

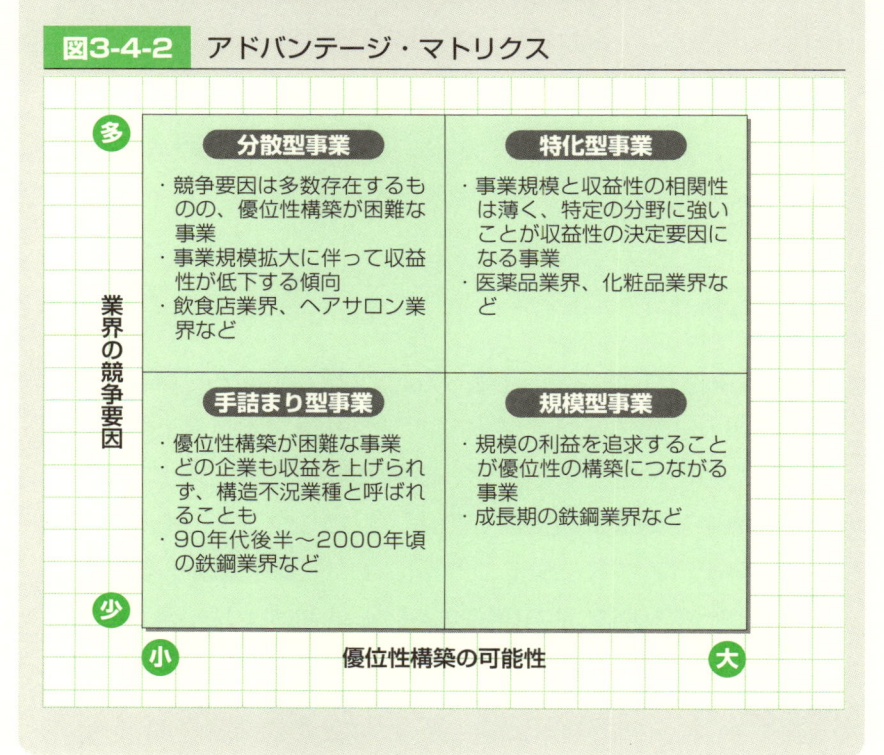

図3-4-2　アドバンテージ・マトリクス

業界の競争要因（多〜少）／優位性構築の可能性（小〜大）

	優位性構築の可能性　小	優位性構築の可能性　大
業界の競争要因　多	**分散型事業** ・競争要因は多数存在するものの、優位性構築が困難な事業 ・事業規模拡大に伴って収益性が低下する傾向 ・飲食店業界、ヘアサロン業界など	**特化型事業** ・事業規模と収益性の相関性は薄く、特定の分野に強いことが収益性の決定要因になる事業 ・医薬品業界、化粧品業界など
業界の競争要因　少	**手詰まり型事業** ・優位性構築が困難な事業 ・どの企業も収益を上げられず、構造不況業種と呼ばれることも ・90年代後半〜2000年頃の鉄鋼業界など	**規模型事業** ・規模の利益を追求することが優位性の構築につながる事業 ・成長期の鉄鋼業界など

3-5
戦略オプションにまとめる

　「成長オプション」「脅威への対応オプション」「強化すべき強み・補強すべき弱みのオプション」が策定できたら、まとめの作業に入る。これがいよいよ、戦略のたたき台になるのだ。難易度の高い作業だが、試行錯誤し体で覚えるしかない。

> **この項目で学ぶこと**
>
> ☐ 「成長オプション」「脅威への対応オプション」「強化すべき強み・補強すべき弱みのオプション」でリストアップしたものを全てまとめたものが戦略オプションとなる。
> ☐ 戦略オプション策定はプロのコンサルタントでも難しい作業だ。考え方を身につけるには、①試行錯誤すること、②他社の戦略を見て研究すること、③メンバー全員で知恵を出し合ってたくさん議論すること、がポイントとなる。

オプションをまとめるときの考え方

●全てをまとめる

　ここまでの検討の結果、現状分析結果の機会や脅威に基づく対応オプションと、それぞれのオプションにおいて、差別化・競争優位性確立の方向性、維持すべき現状の強み（生かすべき強み）、新たに創出すべき強み、補強すべき弱みがリストアップできているはずだ。これらを全てまとめたものが戦略オプションとなる。

　まとめ方はいろいろあるが、ここでは一つの方法を紹介しておこう（190ページ参照）。まず成長オプションと脅威への対応オプションを縦に並べ、それぞれのオプションに対応する機会・脅威とそのオプションを実行していく場合のKSFを横に書いていく。さらに横に続けて、差別化・競争優位性確立の方向性、活かすべき自社の強み、新たに創出すべき強み、補強すべき自社の弱みをそれぞれ書いていく。これが戦略オプションのベースとなるリストである。

　次に、オプションの中から、同じようなもの、類似するものを整理していく。成長オプションと脅威への対応オプションは、必ずしも全てが独立したオプションになるとは限らず、方向性としては同じような内容になることも少なくない。そうしたオプションは一つにまとめてしまって構わない。

　最後に、それぞれのオプションに分かりやすい名称をつけておこう。「コスト削減によるコストリーダーシップ戦略」「顧客拡大による売上向上戦略」などといった、その戦略の要諦、ポイントが連想できるような名前がいいだろう。以上で、オプションの洗い出しが一通り終了する。

図3-5-1 オプション一覧に整理

百貨店の場合

オプション	機会・脅威	KSF
・M&Aによる規模拡大	・市場縮小、各社経営状態悪化、消費の二極化	・適切な統合相手の選定、確実な統合効果の創出
・新規出店・改装による売場拡大	・競合施設増加、消費の二極化	・差別化された店舗の構築、そのためのノウハウ、人材
・販売データ活用による売上拡大	・カード会員購入データ保有	・的確なデータ分析能力と品揃え等への反映
・顧客囲い込みによる売上拡大	・高ロイヤリティ顧客、カード会員多数	・魅力的な品揃え、店作り、サービスとそれを実現する目利き力等の能力
・商品・サービス拡充による売上拡大	・優良顧客基盤を保有	・消費者のニーズの把握、商品やサービスの目利き力
・新業態／他業態での事業拡大	・小売の業態間競争激化、業態多様化	・消費者ニーズを捉え、店作りに活かせる能力
・海外発展による売上拡大	・中国など消費拡大、日本信奉	・海外市場動向の把握、現地でのオペレーション能力
・間接部門統合によるコスト削減	・個店ごとに間接部門があり非効率	・的確なコスト把握
・オペレーション効率化でのコスト削減	・仕入、物流等が分散化して非効率	・的確なコスト把握、業務改善・見直し
・人員削減によるコスト削減	・必要人員数見直し余地あり	・業務改善・見直し

優位性	活かす強み／補強する弱み	オプションの名称
・コストリーダーシップ、差別化	・優良な顧客基盤、富裕層に対する知見	積極投資による規模拡大戦略
・コストリーダーシップ、差別化	・好立地の既存店は活かせる／必要資金を捻出する必要あり	
・差別化	・業界トップクラスの会員数／ただし高齢化進行しており新規客獲得必須	顧客基盤を活用した マーケティング強化による差別化戦略
・差別化	・〈同上〉	
・差別化	・業界でも随一の優良顧客基盤	
・差別化、ニッチ	・百貨店業態以外の業態開発、運営のノウハウ強化が必須	業態多様化による総合リテール化戦略
・差別化、ニッチ	・海外での運営ノウハウ、人材獲得必要	グローバル化戦略
・コスト競争力アップ		コスト削減による収益性向上戦略
・コスト競争力アップ	・従来の高コストオペレーションの徹底的な見直しが必要	
・コスト競争力アップ		

戦略オプションを考えるコツ

●戦略オプション策定は難しい

　ここまで戦略オプションの考え方について説明してきた。戦略オプションを考えることは、一筋縄ではいかず、大変難しいものである。我々プロフェッショナルのコンサルタントであっても、オプションを考えることは決して容易なことではない。そこで、本章の締めくくりとして、戦略オプションを考えることに関して、いくつか留意点やコツをあげておこう。

　①試行錯誤すること

　戦略オプションを考える力を本当に身に付けていくためには、ここまでに説明してきたような方法論や考え方を理解するだけではなく、実際に自分でいろいろと試行錯誤して考えてみることが欠かせない。従って、読者のみなさんには、ぜひ「自分でいろいろと考えてみる」というクセをつけてもらいたい。

　②他社の戦略を見て研究する

　また、慣れるためには、他社の戦略についていろいろと考えを巡らせてみることも役立つ。新聞や経済誌を見れば、毎日、毎週のように、企業の戦略的な意思決定の結果が記事として掲載されている。そうした記事を見た際に、なぜその企業ではそういう結論に至ったのか、他にどういった戦略オプションがありえたのか、といったことを考えてみることも有効だ。あるいは自分がもしあの企業の戦略を考える立場だったら、とシミュレーションしてみるのもいいだろう。あるいは企業だけではなく、自分がよく通うお店や見かけるお店について、現状分析から戦略オプションの洗い出しまで、頭の体

操代わりにあれこれ考えてみることもいい練習になる。いずれにしても、実践あるのみ、であり、どのくらい繰り返し考えたか、という日々の経験がある程度重要なのである。

③メンバー全員で議論する

また、戦略オプションを考えるに当たっては、自分一人で考えず、関係する部署のメンバー全員でたくさん議論を行って欲しい。

複数のメンバーで議論することによって、いろいろなアイデアが出てくる可能性が高まる。異なる立場や経験、考え方の人間が集まって知恵を出し合い、議論をすることによって、より良いアイデアや、自分だけでは思いもつかなかったような考えが出てくる可能性がある。

また、**そうした議論を通じて当事者の納得感が高まるのである**。戦略を考える上で大切なことは、戦略そのものの優劣ももちろんだが、戦略を実行する当事者の納得感、腹落ち感が高いことだ。戦略は実行されて初めてその意味を持つ。確実に実行されていくためには、戦略を実行していく現場の人間が本当に理解し、納得し、「よし、これならやってやろう」と思えることが大切だ。戦略オプションをあれこれ議論することは、こうした納得感、腹落ち感の醸成に非常に役立つ。

議論するといっても、みなが自分の思い込みや主観に依存して勝手なことを主張してもしょうがない。そこで、現状分析結果を共有し、共通の枠組み、考え方に基づいて議論することが求められる。本章で説明してきた戦略オプションの考え方やツールは、そうした整理された議論を進めていくためにも役立つものだ。

第3章 戦略策定ステップ② 戦略オプション策定

ワーク 以下の各社・各事業について、第2章で分析した現状分析に基づいて戦略オプションを考えてみよう。

① ソニーのゲーム機事業

② 日本航空（JAL）の旅客事業

③ 資生堂のシャンプー事業

検討の視点 オプションの検討に当たっては、以下のようなポイントも考慮してみよう。

① ソニー
・任天堂との差は埋められるのか？
・PS3は成功させることができるのか？
・ポストPS3としてどういった戦略オプションがありうるか？

② 日本航空（JAL）
・新幹線、全日空、新興の格安航空会社の台頭などの中で、どういったオプションが考えられるのか？
・何を差別化、優位性の源泉とすべきか？

③ 資生堂
・「TSUBAKI」の投入により一時はシャンプー市場でシェアトップを実現するなど、大きく躍進を遂げた。今後、更にシャンプー事業を成長させるためにはどういった戦略オプションが考えられるか？

プロの視点

　戦略オプションを考えるプロセスや考え方は、実際には様々だ。本文ではわかりやすさや紙幅の関係上、一つの考え方に絞って紹介したが、それ以外にも重要なポイントは多数ある。その中から、特に皆さんに役立つと思われるものをいくつか紹介しよう。

　本文では、オプションを考えていく一つのツールとして「オプションツリー」を紹介したが、これ以外にも考える際によく使うものが、「マトリクス」だ。例えば縦軸に「既存顧客」と「新規顧客」、横軸に「既存商品」と「新商品」をとると、四つのマス目のマトリクスができる。現在の事業はもちろん「既存顧客」に「既存商品」を販売している。ここから成長の方向性を考えると、「既存顧客」に対する「既存商品」の販売を強化するのか、「既存顧客」に対して「新商品」を売るのか、「新規顧客」に「既存商品」を売るのか、更には「新規顧客」に「新商品」を売るのか、というオプションを考えることができる。二つの「軸」をいろいろと組み合わせて考えることによって、戦略オプション検討の幅を広げることができる（196ページの図参照）。186ページのアドバンテージ・マトリクスもマトリクスの一つだ。

　また、第2章で説明したように、オプションを考える際にも「逆読み」の発想や「常識を疑う」ということが非常に大切だ。なぜなら、誤解を恐れずに言えば、多くの場合、誰が分析しても同じようなSWOTの結果となり、それに基づいて戦略を考えると同じようなオプションが出てくることになるからだ。しかし、それでは本当に独自性のある、ダイナミックな戦略オプションを考えることはできない。そこで大切になるのが「逆読み発想」「常識を疑う」ということなのである。例えば、「弱みを強

みに変える発想」「脅威を機会と捉える発想」「業界のルールやKSFに囚われず、そもそもルールやKSFを自ら変えてしまえ、という常識破り」「強みは実は弱みだという非常識」などである。このように発想や考え方を柔軟に持つことによって、同じ現状分析結果であったとしても異なるオプションを考え出すことができ、結果、それが非常に有効な戦略になることがある。

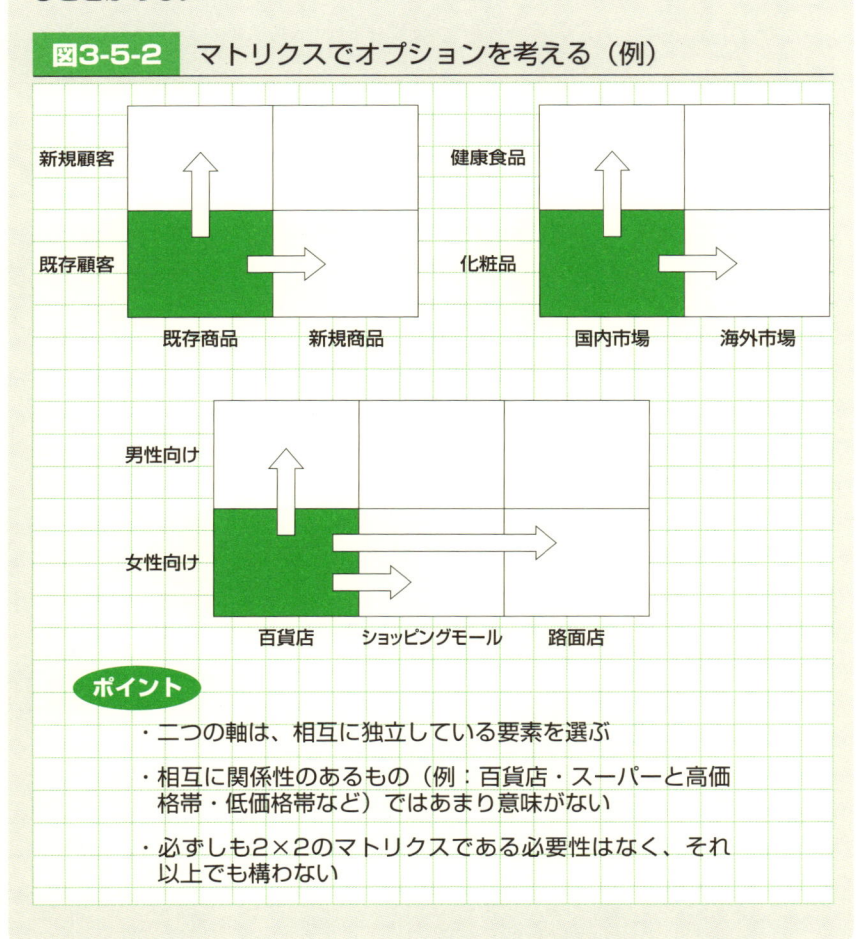

図3-5-2　マトリクスでオプションを考える（例）

（縦軸：新規顧客／既存顧客、横軸：既存商品／新規商品）

（縦軸：健康食品／化粧品、横軸：国内市場／海外市場）

（縦軸：男性向け／女性向け、横軸：百貨店／ショッピングモール／路面店）

ポイント

・二つの軸は、相互に独立している要素を選ぶ
・相互に関係性のあるもの（例：百貨店・スーパーと高価格帯・低価格帯など）ではあまり意味がない
・必ずしも2×2のマトリクスである必要性はなく、それ以上でも構わない

第4章

戦略策定ステップ③
オプション評価・絞り込み

戦略オプションを洗い出したら、次はそのオプションの絞り込みである。洗い出したオプションを複数の視点から評価し、絞り込んでいく。そして絞り込まれたものが最終的な「戦略」となり、実行に移される。つまり、方向性を決める極めて重要なステップである。

4−1
戦略オプションを絞り込む

　戦略オプションの絞り込みは、戦略を決定するという当事者の「判断」が求められる極めて重要なタスクである。まさに、「動く」戦略にできるかどうかの重要なステップとなる。

この項目で学ぶこと

- ☐ 「動く」戦略を作るためには、「論理性」「実現性」「納得性」の三つがポイントとなる。
- ☐ 合理的な評価を下す最大のポイントは、その戦略で得られるであろう「成果」（Output）と、「必要な投入リソース」（Input）を明確にすることである。
- ☐ 評価軸は、そもそもの戦略策定の目的に合致したものでなくてはならない。
- ☐ 戦略は、実現性の検証が必須である。視点としては、①組織能力、②戦略実行の難易度、③想定されるリスクの3点で見ていく。
- ☐ 実現には、現場の「腹落ち感」が必須である。「見える化」を徹底するとともに、十分な膝詰め議論などの対話を行うこと。

戦略に必要な3要素

● 「動く」戦略にするために

　本当に優れた戦略とはどういう戦略だろうか。それは、100％論理的に正しいだけの戦略ではない。どんなに論理的に正しくても、どんなに美しい戦略でも、実行に移されない戦略では、「机上の空論」「絵に描いた餅」である。経営陣や現場の腹に落ち、実際に会社が動くことができる戦略が求められるのだ。

　「動く」ことができる戦略とは、「論理性」「実現性」「納得性」の3要素を満たしている戦略である。「なるほど」と言える「論理性」に加えて、「これならできる」と思える「実現性」、「やってみよう」と思う「納得性」の三つが必要不可欠である。

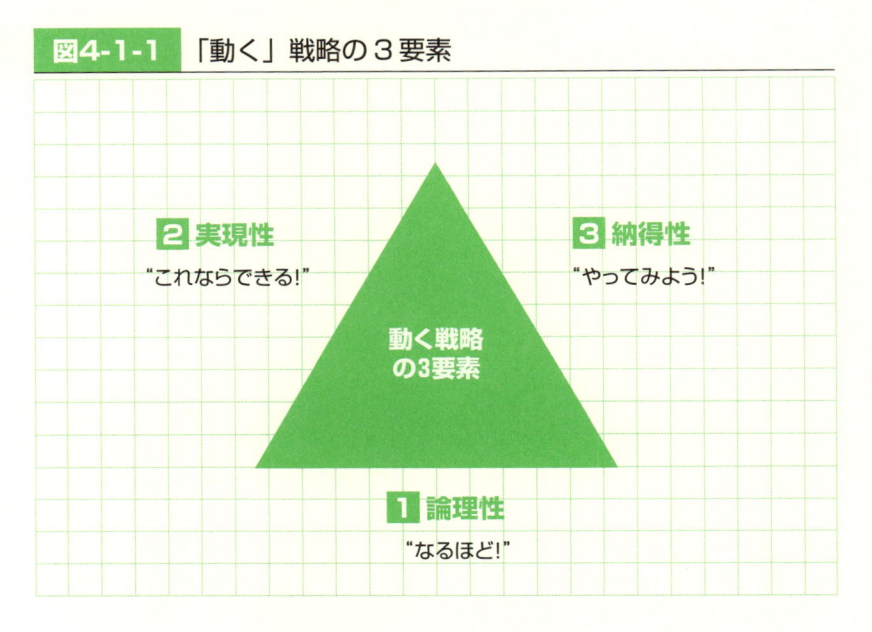

図4-1-1 「動く」戦略の3要素

2 **実現性**
"これならできる!"

3 **納得性**
"やってみよう!"

動く戦略の3要素

1 **論理性**
"なるほど!"

オプション絞り込みのステップ

●判断が求められる重要なステップ

　戦略オプションの評価自体は合理的に実施することもできるが、その絞り込みは決して機械的にはできない。つまり自動的に戦略オプションが絞り込まれることは極めて稀であり、そこには当事者の意思・意図が求められる。また、いくら魅力的なオプションでも、実行可能性が低いもの、難易度の高いもの、当事者の想いとかけ離れているものは、相当念入りに検討が必要である。また、戦略を合理的かつ実行可能なものとするための思い切った「選択と集中」が重要になる。ここではまさに戦略を「絵に描いた餅」にしないための判断が求められる。

　戦略オプションの評価・絞り込みに当たっては、戦略の3要素である「論理性」「実現性」「納得性」を徹底的に検討・検証していく。まずは、**極めて合理的な目で見た戦略オプションの評価**。次に、**徹底的な実現性の検証**。そして、**当事者の戦略に対する「想い」の集約**。最後にはそれらを踏まえた上で、**腹落ち感と納得感を醸成するプロセス**を経て最終的な絞り込みを行うことになる。

図4-1-2 戦略オプション絞り込みの基本ステップ

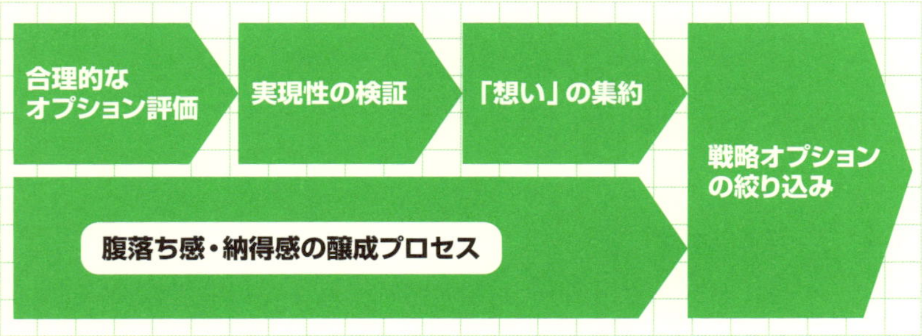

合理的なオプション評価 → 実現性の検証 → 「想い」の集約 → 戦略オプションの絞り込み

腹落ち感・納得感の醸成プロセス

合理的な戦略オプション評価

●合理的な評価軸

まずは、どういった視点、軸によって戦略オプションを評価すべきかを決定する。

合理的な評価の最大のポイントは、その戦略によって得られるであろう「成果（Output）」によって評価を行うことである。同時に、その戦略を実現するために「必要な投入リソース（Input）」を明確にする。どのような種類の戦略であっても、「戦略」であるからには、「Input」と「Output」があるはずである。

①成果（Output）

戦略によって得られるであろう「成果」には様々な種類がある。大きくは定量的成果と定性的成果に分けることができる。多くの戦略の場合、その両方を見ていく必要があるだろう。

特に定量的成果に関しては、それぞれの戦略オプションの内容をもとにした「成果」の定量的なシミュレーションが求められる。このときの前提の置き方、変数として扱うべき要素の特定、そしてその変数の見積りが極めて重要となる。その設定の仕方によって最終的に出てくる「成果」の数字は大きく変わってくる。この合理的評価に当たっては、極めて客観的な視点での成果分析が求められる。

最も分かりやすい定量的な「成果」の例としては、**売上高、利益、収益性**といった財務的な視点での「成果」であろう。基本的に全ての企業活動は最終的には売上・利益につながっていくことを考えると外すことができない指標である。また多くの戦略を横比較することができる。

しかしながら、戦略の目的や種類、当該事業の位置づけや方向性によっては必ずしも売上・利益だけを目的としていない「戦略」もある。例えば、シェアの拡大を狙った「戦略」、ブランドイメージを向上させるための「戦略」、顧客基盤を確立することを目的とした「戦略」など、様々な「成果」の捉え方が存在する。

〈定量的成果の例〉
- 売上
- 利益
- 収益性（利益率）
- 販売数量／市場シェア

〈定性的な成果の例〉
- 競争力／優位性の獲得・構築
- 技術力の向上、技術獲得
- ノウハウ獲得・蓄積
- 認知度の向上
- ブランド力の向上
- 資産・インフラの獲得・構築
- 顧客基盤の獲得・構築
- 販売網の獲得・構築
- 人材の育成
- 他事業とのシナジー

②必要投入リソース（インプット）

次に、戦略実現に必要なリソース（資源）を見積もることが必要だ。立案した戦略を実行して「成果」を刈り取るまでにどういったリソースがどれだけ必要になるのか。つまり、「成果」（アプトプット）を得るためのインプットを明らかにするということである。究極的には、インプットに対してどれだけのアウトプットが得られるのかによって戦略オプションは評価される。必要なインプットは基本的には「資金」「人材／工数」「モノ」の三つである。基本的には全てを金額換算して比較することも可能である。

●戦略目的に合致した評価軸の設定がカギ

戦略オプションの合理的評価は、「必要リソース」に対する「成果」によってなされることは先に述べた通りだが、「戦略目的」によって具体的に見るべきポイントや指標は変わってくる。先に述べた評価指標を全て同じ重みで評価するわけではない。特に「成果」に関しては、戦略の目的、狙い、種類によって当然その内容は変わってくる。逆に、戦略の目的、つまりゴールがはっきりしていなければ的確な評価をすることもできない。また、「売上」だけ、「利益」だけ、といった一つの指標だけによって評価することも現実的ではない。実際には、戦略目的に合致した複数の指標によって想定される「成果」を評価することになる。従って、どういった評価指標を用い、それぞれの指標にどのような重みを持たせて評価していくのか、ということを明らかにしておくことがまず必要だ。

例えば、ある会社に量販ブランドとプレミアムブランドの両方の事業があるような場合を考えてみよう。量販ブランドでの評価軸としては、「『投入開発工数』に対する『想定利益の絶対額』」などが

考えられるが、販売数量が限られるプレミアムブランドにおいては、その戦略の評価軸も変えるべきであろう。例えば、「利益額」ではなく「利益率」で判断を行ったり、定性面では「イメージ向上への寄与度」といったような軸も考えられる。

また、評価すべき「期間」についても同じことが言える。つまり、**どの程度の期間をかけて、その戦略による「成果」を刈り取るのか**ということである。短期的な戦略もあれば、長期的な視点に立った戦略もある。この「期間」の設定を誤ると正しい戦略オプションの評価ができない。この「期間」までを数値に織り込んだ考え方がいわゆる「現在価値」である。

ここでの「成果」や「必要投入リソース」の見積りが恣意的、つまりその場限りの判断で行われれば、当然ながら戦略オプションの評価は正しく行われない。先にも述べたが当事者の「想い」も極めて重要な判断材料である。その「想い」についてもきちんと認識し最終的な判断を行っていくためにも、ここでの評価は恣意性を排除し極めて合理的に実施すべきである。

ここで設定した「Input（投入リソース）」と「Output（成果）」の評価軸は、戦略オプションの評価・選択だけでなく、必然的にその戦略遂行をモニタリングしていくための「指標」としても機能していくことになる。そういった観点からも、戦略目的に合致した評価指標の設定は非常に重要な作業と言えるだろう。

実現性の検証は徹底的に行う

●実現性検証の3要素

本当に立案した戦略が実行可能なものかどうか、設定した成果が達成可能かどうか、どの程度ハードルが高いのかを徹底的に検証する必要がある。実現性において特に検証すべき点は、**①組織能力**、**②戦略実行の難易度**、**③想定されるリスク／デメリット**の3点である。

①組織能力

戦略の実現に必要となるであろう組織能力に対して現状どれだけの現有戦力があって、どれだけの乖離があるのか、正しく現状を認識する必要がある。言い換えれば「身の丈」を知るということである。

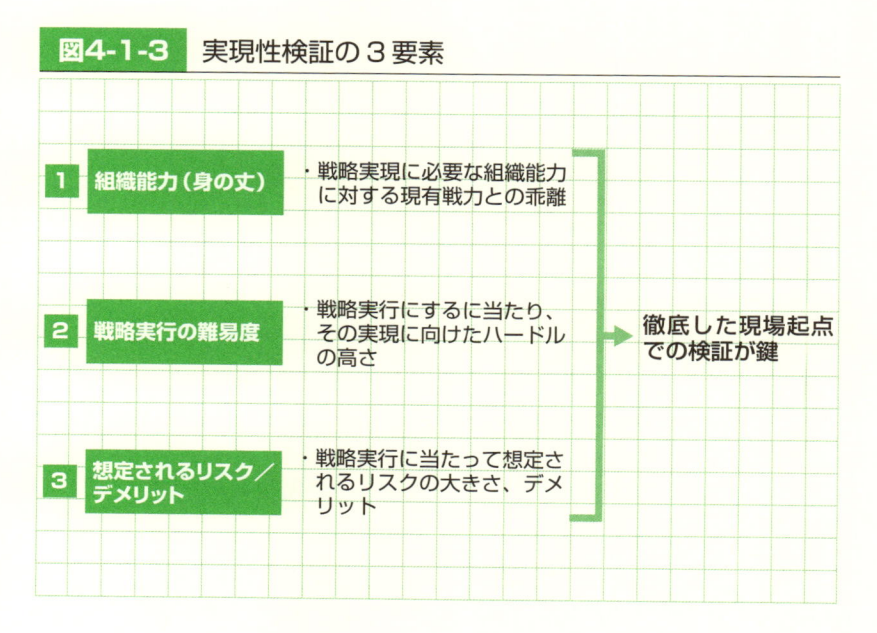

図4-1-3　実現性検証の3要素

1	組織能力（身の丈）	・戦略実現に必要な組織能力に対する現有戦力との乖離
2	戦略実行の難易度	・戦略実行にするに当たり、その実現に向けたハードルの高さ
3	想定されるリスク／デメリット	・戦略実行に当たって想定されるリスクの大きさ、デメリット

→ 徹底した現場起点での検証が鍵

とは言っても、現状必要な組織能力に足りていないからと言って、全く戦略実現ができないわけではない。新たにリソースなり必要能力を調達するという打ち手がある。しかしながら、当然実現に向けたハードルは上がる。つまり、自社で実現するか、新たに外部から調達するかは別としても、組織能力の観点から見た戦略の実現度を正しく理解しておくということが重要なポイントとなる。

組織能力において主に見るべき視点は、戦略遂行に必要な組織機能の種類、その機能に求められる能力水準、求められる規模の3点である。この3点に対して自社の現有戦力と比較したときの乖離度ならびに、その乖離を埋めるハードルの高さを明確にしていく。

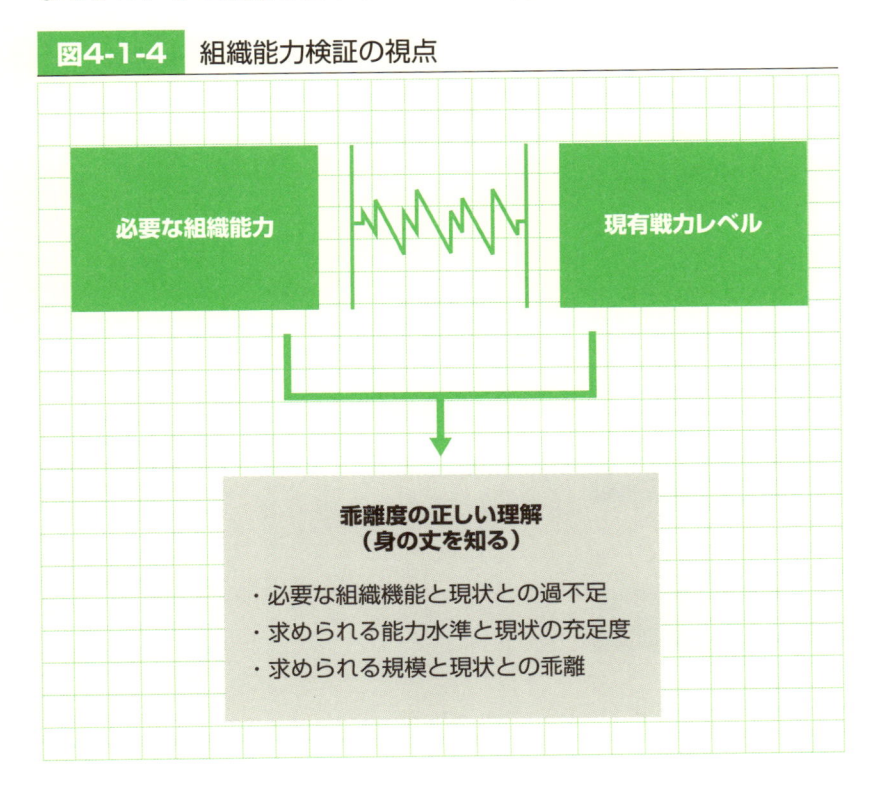

図4-1-4 組織能力検証の視点

必要な組織能力 ～～～ 現有戦力レベル

↓

**乖離度の正しい理解
（身の丈を知る）**

・必要な組織機能と現状との過不足
・求められる能力水準と現状の充足度
・求められる規模と現状との乖離

②戦略実行の難易度

次に検証すべき点は戦略そのものの「難易度」である。仮に組織能力が担保された場合であっても、実行がそもそも難しい戦略と比較的容易な戦略がある。

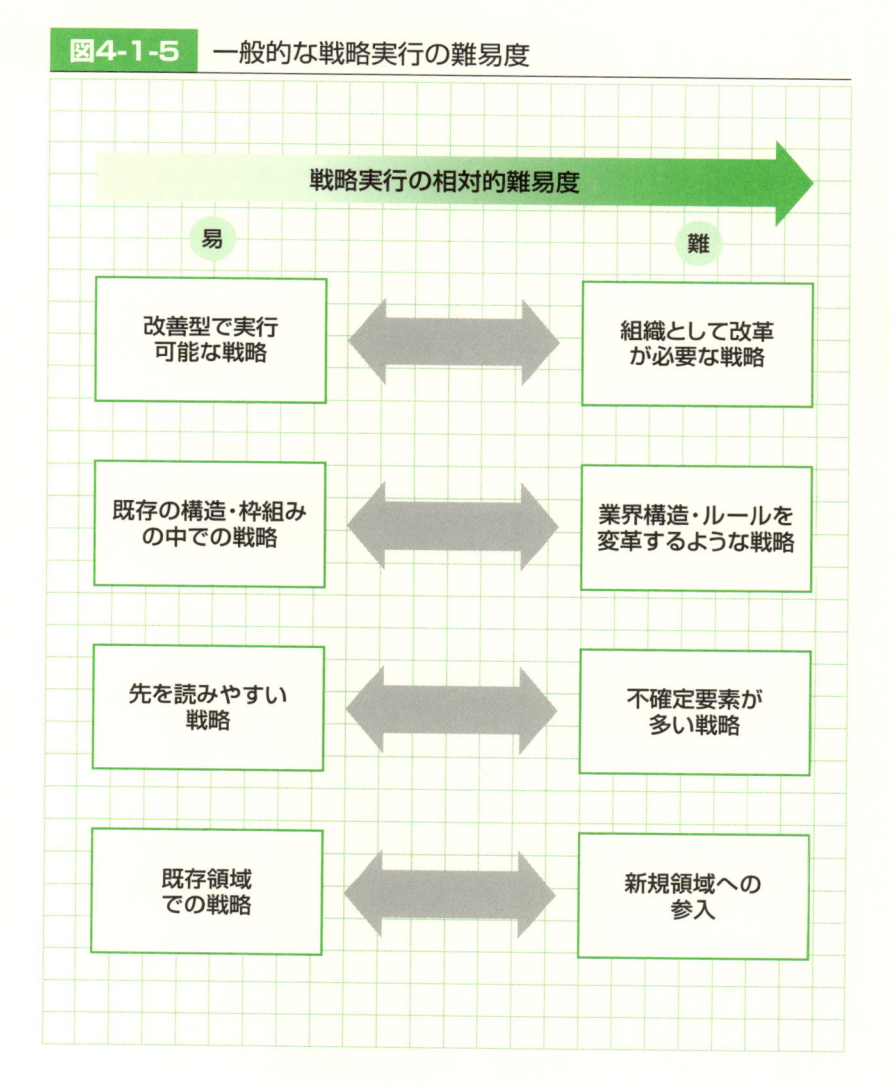

図4-1-5　一般的な戦略実行の難易度

戦略実行の相対的難易度

易		難
改善型で実行可能な戦略	⇔	組織として改革が必要な戦略
既存の構造・枠組みの中での戦略	⇔	業界構造・ルールを変革するような戦略
先を読みやすい戦略	⇔	不確定要素が多い戦略
既存領域での戦略	⇔	新規領域への参入

第4章　戦略策定ステップ③　オプション評価・絞り込み

③想定されるリスク／デメリット

　戦略実行に当たって、想定されるリスクやデメリットはあらかじめ明らかにしておく必要がある。見るべきリスク／デメリットは、戦略の種類や目的によっても変わるが、共通して見るべきなのは、「どのようなリスクやデメリット」が「いつ」「どの程度の確度で」起こりうるのか、そして戦略実行上の「どこに」「どの程度の影響」を及ぼすのか、ということである。

●徹底した現場起点での検証が必要

　以上のように実現性を検証する三つの視点について述べたが、具体的な検証作業に当たっては、徹底した「現場」起点での検証が重要となる。戦略オプションの絞り込みの段階に当たっては、単に客観的な検証だけではなく、まさに実行につながる検証が求められる。そして、そうした観点から有効なのが、徹底した「現地・現物」での検証である。「現地・現物」とは、**現地に自ら足を運んで、現物を自分の目で見て、自分の頭で考えること、起きている事象の本質を考え理解することである。**

　この戦略を実行したときの顧客の反応度、もしくは競合の想定される動きなど、できる限りの範囲で検証を行っておくことが必要だ。特に、実際の顧客や競合の実態を自分の目で見て耳で聞くことで、戦略を実行したときのイメージを五感で感じ取り想定しておくことができる。これらの作業は実現性検証においてとても有効である。また、組織能力の検証に関しても、実際に戦略実行を担うであろう部署に出向いて話を聞き、自分の目で見ることで、自社の戦力の実態を感じ取ることもできる。

　繰り返しになるが、戦略オプションの絞り込みに当たっては、極

めて高度な「判断」が求められる。その「判断」を自信を持って行うためにも、この「実現性」に関しては徹底した納得するまでの検証が不可欠である。そのための最良の方法が、「現地・現物」での検証と言える。

当事者の「想い」の理解・集約

●どんな立場の人がどんな「想い」を持っているのか

「合理性」と「実現性」に加えて、三つめとして当事者の「想い」の要素を十分考慮する必要がある。つまり、**実行の当事者が「やりたい」「やってみよう」と思える戦略でなければどんなに論理的に正しい戦略であっても机上の空論となる可能性が高い**。しかしながら、組織内には様々な立場の人間が存在する。当然ながら一つの戦略の方向性に対して、ポジティブな意見もあればネガティブな意見もある。経営者はやりたいと思っても、現場が反対するケースなどは多くの企業で起きている。全ての関係者の「想い」や「考え」を充足するような戦略を作るのは難しい。

戦略オプションの評価に当たっては、まずはその戦略に対する様々な関係者の「想い」を理解・把握することが重要である。どんな立場の人がどんな「想い」を持っているのかを理解した上で最終的な判断を行っていく必要がある。

以上三つの評価をもとに、絞り込みを判断することになる。イメージとしては、210ページの図のように観点を一覧表で表すとよい。

図4-1-6　戦略オプション絞り込みのイメージ

		合理的評価		
	必要リソース	成果	投資対効果 短期	投資対効果 長期
1 積極投資による既存店舗拡大戦略	中	中	大	中
2 顧客基盤を活用した新付加価値サービス開発	中	小	小	中
3 アジアを中心とした海外への既存商材拡大	大	中～大	小	大
4 …	…	…	…	…
5 …	…	…	…	…

実際には、それぞれの評価の「根拠」や「ロジック」、評価をサポートするデータ、判断基準の考え方等が付加される

	実現性			想い
	能力	難易度	リスク	
乖離度 中		中	小	△
乖離度 中		大	中	◎
乖離度 中		大	大	◎（経営） △（現場）
…		…	…	…
…		…	…	…

⬇

答えは自動的には出てこない。戦略判断は、経営の「意思」「意図」である

- リスクを取って大きな果実の獲得を狙うのか
- 手堅い戦略を取っていくのか
- 合理性を重視するのか、現場の想いを重視するのか
  ⋮

第4章 戦略策定ステップ③ オプション評価・絞り込み

腹落ち感と納得感が最終的なカギ

●戦略をまとめあげる際に大事なこと

「合理的評価」「実現性の検証」「想いの理解・集約」、この三つをどんなに厳密に評価しても、どれがよいか自動的に出てくることはない。最終的には「意思」「意図」を持って戦略オプションを絞り込む「判断」が求められるが、より重要なことは、そのメリットとデメリット・リスクに関して、十分に腹に落とし、納得して選択したかどうかということ。そして、どれだけ関係者の納得感を得られたか、ということである。特に、戦略の立案者、戦略の実行を指揮する責任者、実際の戦略実行を担う現場の腹落ち感・納得感は極めて重要である。

●腹落ち感・納得感醸成のプロセス（入魂プロセス）

腹落ち感・納得感の醸成に必要なことは、**「見える化」**と**「対話」**である。

ここでの「見える化」とは、判断に必要な材料がきちんと「見える」ようになっているということである。戦略オプション立案時の現状分析の結果や戦略オプションの具体的内容に加えて、合理的な評価の結果、実現性検証の結果、関係者の想いや考えの相違の事実、などが「見える化」すべき内容である。

そしてそれらの「見える化」された材料をもとにした「対話」を通じて、関係者の腹落ち感や納得感を醸成していく。「対話」に関しては、様々な立場の関係者との議論が有効である。また、特に重要となる当事者間では、徹底的に"膝詰め"の議論を行い、戦略オ

図4-1-7 戦略への入魂プロセス

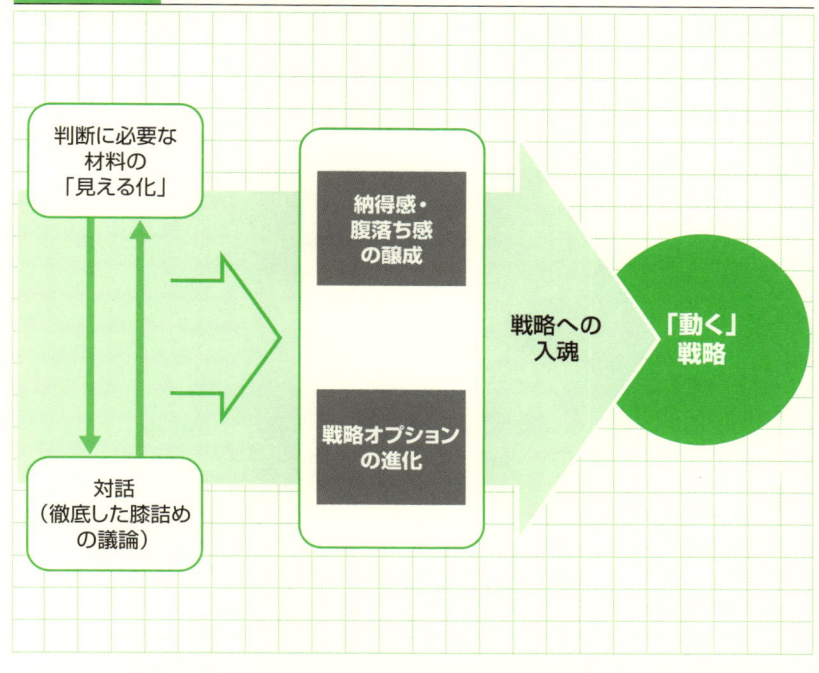

判断に必要な材料の「見える化」 → 納得感・腹落ち感の醸成／戦略オプションの進化 → 戦略への入魂 → 「動く」戦略

対話（徹底した膝詰めの議論）

プションのメリット・デメリットを徹底的に議論し、関係者間の共通認識・共通理解としていくことが重要である。良いことも悪いことも徹底して組織の共通認識としていく。その中で、何を重視して意思決定を行っていくのかということについて最終判断を行っていく。どれだけ対話を繰り返したか、どれだけ膝詰めの議論をできたかが、腹落ち感・納得感醸成のカギである。

●対話の中で戦略オプションを進化させていく

また、これらの腹落ち感・納得感醸成のための「対話」のプロセスを通じて戦略オプション自体の中身を進化させていくことも重要なポイントである。様々な立場・視点からのインプットによって戦

図4-1-8 膝詰め議論の効果

膝詰めでの討議

| 現状把握・分析結果 | 戦略オプション | 合理的評価／実現性検証結果 |

膝詰め議論による効果

・お互いが納得するまで徹底的に議論することを重視

知恵出し	・本質的にどこに課題や改善余地があるのか ・新たな事業機会があるのか ・どうすれば競合に勝てるのか ・本当に動けるのか　等
想いの共有と戦略への入魂	・議論を通じて、経営/現場の意識の共有化を図る ・熱き想いを戦略に反映させる
腹落ち感・納得感の醸成	・関係者の腹落ち感を醸成し、実現に向けた主体性を築きあげる ・戦略を自分たちのものにする

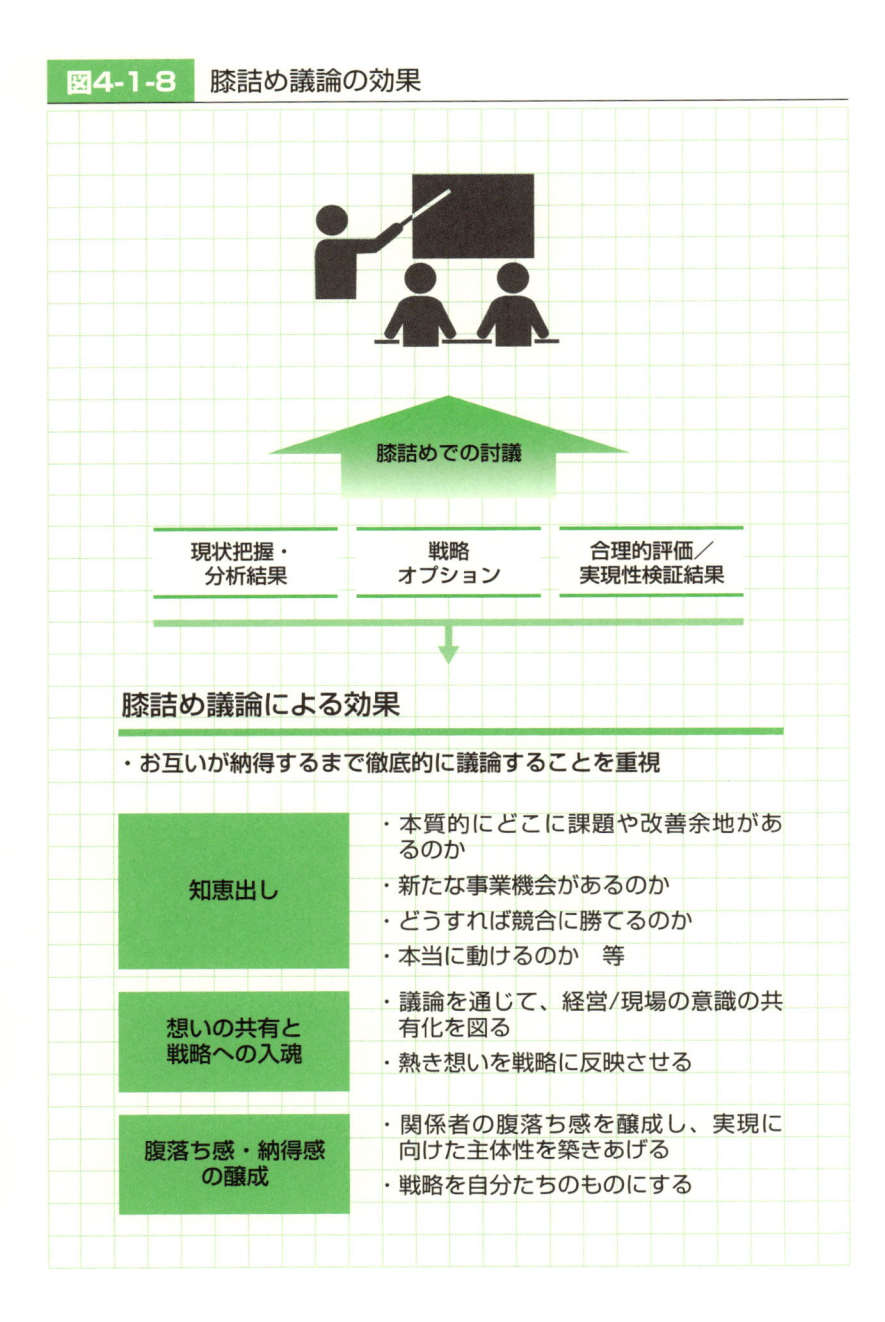

略を「叩く」ことで、策定の段階で見えていなかった切り口や新たに検証すべき論点が見えてくることも多い。ここが、「動く」戦略に近づくカギである。言い換えれば、この進化のプロセスがまさに戦略に魂を込めていくことにもつながる。

●最終的な「判断」〜"身の丈にあった"戦略

　最終的に、成果の大きさを重視するのか、実現性の高さを重視するのか、当事者の想いの実現を重視するのか、これには正解は無い。戦略オプション選択に最終権限を持つ意思決定者にもよるし、その組織風土や置かれている状況によっても変わるだろう。ここで、"腹落ち感"に加えて、最終的な判断に当たって心がける必要があるのは、**"身の丈にあった"戦略かどうか**ということである。身の丈をあまりにも超えすぎた戦略は、いくら当事者の「想い」が強くても絵に描いた餅になる可能性が極めて高い。

戦略転換を前提として、代替案を準備する

● 代替案を準備しておく

　最後に、結果的に「落選したオプション」の重要性についても言及しておきたい。判断の前提となる状況は刻一刻と変わるものである。策定の時点でベストと判断したオプションも、いざ実行段階になるとそうではなくなる可能性もある。戦略代替案を常に用意しておき、状況がどう変わったら（どういう条件になったら）どのオプションが適切なのかを、常に心に留めておくことが肝要である。

ワーク 第3章で考えた、ソニーのゲーム機事業、日本航空の旅客事業、資生堂のシャンプー事業それぞれの戦略オプションについて、評価し、あなたが最も妥当だと思うものを絞り込んでみよう。

検討の視点 以下のようなポイントについて自分なりに考えてみよう

・それぞれの戦略オプションは、本当に競争優位性を構築できるか・競合との戦いに勝てそうか？
・実際に実行できそうか？　結果として事業の成長（売上拡大、収益性向上）は実現できそうか？
・実行するために必要なリソースは手当てできそうか？
・実行した場合に考えうるリスクやデメリットは何があるか？
・自分がもし経営者、もしくは各事業の担当者だったとしたら、どのオプションを最も「やってみたい」と思えるか？

第4章　戦略策定ステップ③　オプション評価・絞り込み

プロの視点

　戦略オプションの絞り込みにおいても、オプションの策定同様、普通にオプションを評価していくだけでは、誰が考えても同じような結果に落ち着くことが多い。もちろんそれが悪いわけではないが、それは言い換えれば競合も同じことを考え、同じ戦略をとろうとする、ということである。厳しい競争を勝ち抜くためには、競合とは異なる戦略をとることも時には必要だ。

　そのためには、やはりオプション策定と同様に、「常識破りの発想」「逆転の発想」といったことが必要だ。例えば、あるオプションを普通に評価すると収益性が低下することが想定されるとしよう。通常であれば、収益性が低下するデメリットが大きいのでこのオプションはやらない、という評価になるだろう。しかし、ここで「逆転の発想」をしてみよう。収益性が下がるからやらないのであれば、何とかして収益性を高めることができないか、考えるのである。もし収益性低下のみが大きなデメリットだとしたら、それを解消できさえすれば、そのオプションは非常に有効な戦略になるかもしれない。

　このように、表面的にオプションを評価して絞り込むのでは物足りない。本当にメリットはそれだけか、デメリットは解消できないのか、実現性を高める工夫はできないのか。そういったことを、常識や現状に囚われず、柔軟かつ幅広に考えていくことがよりよい戦略の策定につながっていく。

第5章
戦略策定ステップ④ 計画・アクションへの落とし込み

戦略オプションが絞り込まれた後は、いよいよ具体的な計画・アクションに落とし込むステップである。ここでは、戦略を絵に描いた餅にしないためにいかに実行性の高い計画に落とし込めるかが問われる。

5-1
戦略を施策に落とし込む

　まずは「戦略」を一定の単位の「施策」に落とし込むことが最初のタスクとなる。この「戦略の構造化」が正しく設計できなければ、いくら施策を正しく実行しても目指すべき戦略目的に達成しない。まさに戦略具体化の最大の山場である。

この項目で学ぶこと

- [ ] 実行できる計画・アクションに落とし込んでいくためには、進捗をモニタリングできる状態まで計画を詳細化することが重要である。
- [ ] 「施策」は、「ひとつのまとまりとして考えることができ、具体的なアクションがイメージできる単位」まで分解して考える必要がある。
- [ ] 戦略を実行するに当たっての必要要件を充足させていくための打ち手が、必要な施策ということになる。
- [ ] 施策には①「戦術構築」、②「オペレーションの設計」、③「必要な能力の構築・獲得」、④「体制構築」、⑤「組織としての問題解決」など、いくつかのタイプがある。

計画・アクションへの落とし込みのステップ

●モニタリングできる状態まで計画を詳細化

戦略策定後、その戦略が実行されず結果が出ない、またその進捗がうやむやになる、立ち消えになる、結果が出たかどうかもわからない、ということは決して少なくない。そうしたことを避けるためには、具体的なアクションにまで落とし込み、進捗をモニタリングできる状態まで計画を詳細化することが必要である。そしてモニタリングの仕組みを埋め込み、推進体制を構築して初めて戦略策定のプロセスが完結するのである。

図5-1-1　計画・アクションへの落とし込みのステップ

戦略の「施策」への分解（戦略の構造化）	「施策」の具体的アクションへの落とし込み	「実行計画」へのまとめあげ	戦略実行の推進体制の構築
・戦略実現に向けた必要要件の洗い出し ・必要要件を確立するための打ち手（＝施策）の策定 ・「施策」の優先順位付け	・実際に現場が「動ける」アクションレベルへの落とし込み ・戦略実行の「最初のひと転がり」の作り込み	・全体を見据えた「マスタープラン」（戦略実現に向けた骨太の計画）の策定 ・実行レベルに落とし込んだ「アクションプラン」の策定	・戦略を実際に動かしていくための体制の構築 　―意思決定・舵取り 　―進捗モニタリング・実行推進 　―実行

第5章　戦略策定ステップ④　計画・アクションへの落とし込み

戦略はどの単位まで分解するか

●具体的なアクションがイメージできる単位

では、戦略をどのようなレベルで施策単位に落とし込んでいくべきか。「施策」の大きさに正解があるわけではないが、基本的には**「ひとつのまとまりとして考えることができ、具体的なアクションがイメージできる単位」**まで分解して考える必要があるだろう。

通常のケースでは、まず全社戦略があり、その下には全社戦略に沿った個別の事業戦略が存在する。そしてそれぞれの事業戦略には、その事業戦略を実現するためのマーケティング戦略（ターゲット顧客と提供価値、そしてそれを実現するための商品、価格、プロモーション、流通チャネルの方向性やブランド戦略等）、オペレーション戦略（研究開発から営業、アフターセールスまでの、各機能の目指す方向性）、組織戦略（組織体制や人事制度等の仕組み等の方向性）が存在する。さらに、マーケティング・オペレーション・組織の各戦略は、それを具体化するための各種施策（商品企画、具体的なプライシング、広告宣伝の取り組み、研究開発テーマ、営業の取り組み等）に落とし込まれていく。

このように、戦略にはいくつかのレベルがあり、さらにそれを実現するための施策も多岐にわたるが、それらを構造化していくこと、つまり、ある戦略を実現するためには、その下層レベルにおいてどういった戦略が必要なのか、そして、その戦略を実現するためには具体的な施策として何が必要なのか、といったことを整理していくことが重要である。

施策への落とし込み方

●戦略実行するための「打ち手」は何か

　何を実施すれば戦略目的が達成されるのか。ここを徹底して突き詰める必要がある。基本的には、戦略を実行するに当たっての必要要件を充足させていくための打ち手が、必要な「施策」ということになる。つまり、戦略実現に向けた必要要件を洗い出すことが「施策」への落とし込みの前提となる。

　最も典型的な施策への落とし込みの方法は、マーケティングとオペレーションの両面から必要要件を洗い出し、その必要要件を確立するための打ち手を考える方法である。

図5-1-2　戦略と施策の関係

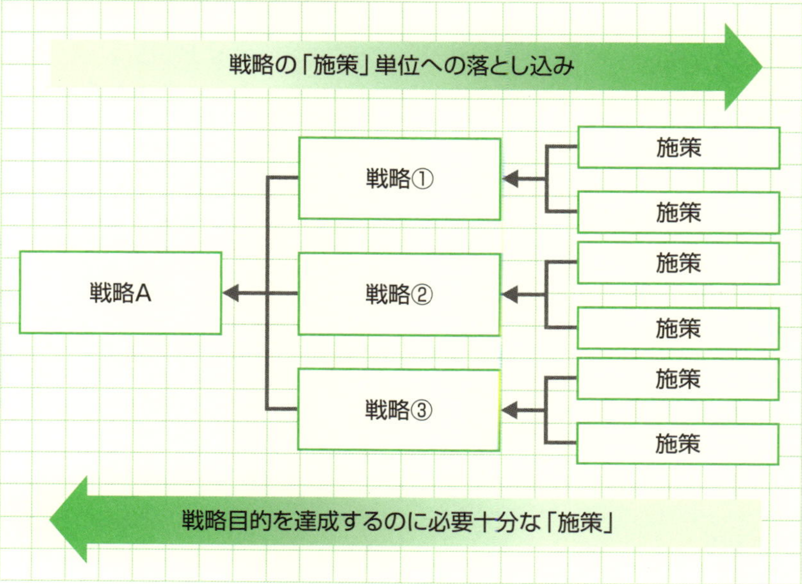

戦略の「施策」単位への落とし込み →

戦略A ← 戦略① ← 施策／施策
　　　　戦略② ← 施策／施策
　　　　戦略③ ← 施策／施策

← 戦略目的を達成するのに必要十分な「施策」

マーケティングの面で言えば、戦略を具現化するために、商品や価格、プロモーション、流通チャネルといった面でどういった要件を満たす必要があるのか、ということを考えていくことになる。より機能性を高めた商品が必要なのか、コストパフォーマンスを高めるべきなのか、デザイン性が大切なのか。価格であれば、他社より低くするべきなのか、逆に他社とは関係ないプライシングとすべきなのか。こういった点を一つずつ定めていく。

　また、オペレーションの観点については、企業活動の各機能毎に必要要件を洗い出し、戦略を実行していくためのバリューチェーンをどう設計していくか、ということになる。一般的なメーカーを例にとれば、開発、調達、生産、物流、マーケティング、販売、アフターサービス、といったモノの流れに加えて、それらを支える企業インフラ、人材マネジメント、などが必要な機能となる。それらの機能毎に戦略実現のための必要要件と必要要件を確立するための打ち手が存在し、それが機能毎の施策として構築されることとなる。また、想定している戦略の現時点との乖離度合い（＝改革度合い）に応じて、打つべき施策の幅・種類ともに変ってくる。

施策のタイプ

●代表的な5種類の施策

戦略実行に当たり検討すべき施策には下図のようにいくつかのタイプがあり、その範囲は多岐にわたる。戦略実行の必要要件に照らし合わせ、必要となる施策を抜けもれなく洗い出し、具体化しておくことが不可欠である。戦略の核となる競争優位性を実現するための施策は特に重要である。

図5-1-3　施策のタイプ

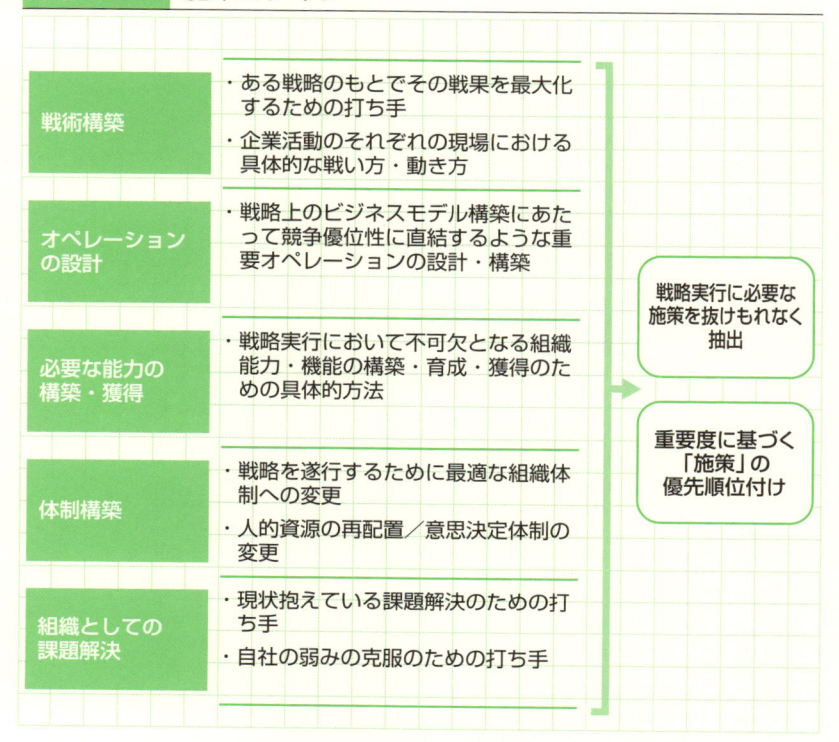

戦術構築	・ある戦略のもとでその戦果を最大化するための打ち手 ・企業活動のそれぞれの現場における具体的な戦い方・動き方
オペレーションの設計	・戦略上のビジネスモデル構築にあたって競争優位性に直結するような重要オペレーションの設計・構築
必要な能力の構築・獲得	・戦略実行において不可欠となる組織能力・機能の構築・育成・獲得のための具体的方法
体制構築	・戦略を遂行するために最適な組織体制への変更 ・人的資源の再配置／意思決定体制の変更
組織としての課題解決	・現状抱えている課題解決のための打ち手 ・自社の弱みの克服のための打ち手

→ 戦略実行に必要な施策を抜けもれなく抽出

→ 重要度に基づく「施策」の優先順位付け

● 施策① 「戦術構築」

それぞれの企業活動の現場で具体的にどう戦うか、という施策である。

ここで、戦略と戦術の違いについて少し触れておきたい。戦略は自社の優位性を確立するために全体を統括する術策であり、戦術はそれぞれの領域・現場において実際に目的を達成するために現場の戦力を指揮統制する術策である。

具体的な例で言えば、徹底的なコスト競争力で戦う、といった戦略を掲げた場合に、調達部門において、どこからどのような条件でどういった原材料を調達するのかということは、戦略遂行上の極めて重要な戦術である。また、ターゲットとしている顧客層に対して具体的にどのようにアプローチをしていくのか、といったことも営業戦略上の重要な戦術である。

当然それぞれの現場は、日々戦術を考えながら活動しており、それぞれの部門長から社員一人ひとりまでが戦術を練っている。そのミクロレベルの戦術を細かに施策として切り出すことは現実的ではない。従って、ここで施策として検討すべきものは、戦略を実行する上で重要な戦術が中心となる。

● 施策② 「オペレーションの設計」

戦略上のビジネスモデルを構築するに当たって、現場のオペレーションが非常に重要なカギを握っていることは多い。特にオペレーションの設計や組み方が優位性構築において不可欠になってくるような場合、重要な施策として採り上げる必要がある。

例えば、製造業において調達、生産、物流といったサプライチェーンをどう設計するかということは極めて重要なファクターであ

り、戦略と密接に関わってくる。また、コスト競争力を優位性として戦略を構築する場合は、徹底的な現場でのリーンなオペレーション設計が不可欠であるし、顧客対応力を優位性とする場合には、顧客接点でのオペレーションをどう設計していくかはまさに競争力に直結する施策である。戦略と合わせて現場のオペレーションのあり方を再構築・強化すべきような場合、もしくは新たに設計する場合など、かなり詳細な施策検討が必要になってくる。戦略とオペレーションが噛み合っていなければ、戦略が正しく実行されないだけではなく、本来持っている現場力も十分に発揮されることはない。

　ある消費財メーカーの事例では、これまで量販ブランド一本の戦い方を行っていたが、新たにプレミアム領域への参入を一大戦略として掲げた。当然ながら、これまでの量販型の販売オペレーションは使えない。プレミアムブランドにふさわしい、新たな販売チャネルの設計と販売オペレーション、サービスオペレーションの構築が施策として極めて重要になったのである。

● **施策③「必要な能力の構築・獲得」**

　戦略実行において不可欠となる必要能力・機能に関して、自社内にないもの、あるいは不足しているものに関しては、何らかの形で構築・獲得していく必要がある。自社内での育成という手段もあれば、外部からの調達も重要な選択肢となるだろう。この施策の検討に当たって重要になってくるのが、先にも述べたが「現有戦力」の正しい理解である。「現有戦力の見える化」が組織的に実施されていれば、必要な能力との過不足も正しく判断することができ、リソース獲得の指針となる。

　自社内での育成・構築に当たっては、どのようなステップで育成

していくのか具体的に設計していく必要がある。新たな機能・組織を設置するような場合、既存の現場からのリソース再配置の必要性が出てくる。また現状のレベルと求められる能力水準に乖離が大きい場合、いかにして必要水準まで育成していくのか、ということが重要な論点となる。

また外部調達で、調達方法・調達先も様々であり、自社の戦略適合性と実現性を加味した選択が求められる。法律事務所や経営コンサルティング会社の活用のような専門スキルの時限的な調達もあれば、販売網の買収のようにM&Aによって必要機能を調達するというレベルまで千差万別である。

自社内育成にしろ、外部調達にしろ、戦略実行における必要能力の構築・獲得は戦略実現に多大な影響を及ぼす重要施策となるため、慎重かつ現実的な施策検討が求められる。

ある部品メーカーの事例では、技術対応力の高い営業マンを売りにした営業戦略を掲げた。しかしながら、「現有戦力の見える化」を行ったところ、個々の営業マンの戦力レベルは戦略実現に必要な組織能力を満たしていないことが分かった。そこでこの会社では、組織能力向上のための施策として「営業の技術力向上のための育成プログラムの構築」「技術スタッフの営業への配置転換」「個々の戦力不足を補うための組織営業の実現」を具体的な施策として抽出した。

● 施策④「体制構築」

新たな戦略を構築する場合、組織体制の変更を伴うことが多い。当然ながら、その戦略を遂行するために最適な組織へと変更していくことが求められる。戦略は資源の最適配置であるため、人的資源

も戦略に合わせて再配置していくことが必要である。また、戦略に合わせて責任と権限のあり方を変えていくことも重要であり、より戦略遂行に適した意思決定の体制を構築することとなる。そういった一連の体制構築も、戦略実行における必要施策のひとつである。

　ある運送事業会社は、従来は現場は徹底してオペレーション遂行に徹し、企画など考える機能は全て本社が実行する形態をとっていた。しかしながら、厳しい事業環境で戦っていくために「考える強い現場」を競争力の源泉としていく方向に大きく戦略の舵取りを行った。その結果、現場の権限委譲とそれに伴う抜本的な組織再編を重要施策として推進することになった。

● 施策⑤「組織としての課題解決」

　最後に、現状抱えている課題解決のための打ち手も戦略実現を担保するための重要な施策と言える。戦略策定プロセスにおいては戦略オプションを検討すると同時に、自社の弱みや解決すべき課題も浮き彫りにしてきたはずである。その中でも、解決の優先度が高く、戦略遂行に重要な影響を与えうる課題については、重要施策として抽出しておくことが必要である。

　以上のように、五つの「施策」のタイプについて説明したが、これらの五つは必ずしも独立したものではなく、相互に密接に関係し合っている場合も多い。ここで重要なことは、これらの五つの視点を活用しながら、**戦略実行に必要な「施策」を抜けもれなく洗い出すことである**。繰り返しになるが、抽出した「施策」を実行すれば、戦略目標が達成されるということが極めて重要なのである。

　また、戦略立案のプロセスに一貫していることだが、ここでも大

切なことは、「施策」の網羅性や合理性に加えて、関係者の腹落ち感や納得感であることは言うまでもない。一つひとつの施策に関係者の「想い」が込められていることが不可欠である。

施策に優先順位をつける

●影響度を考慮する

　次に、抽出した「施策」に関し実行の優先順位をつけることが必要である。どの施策も重要であったとしても、現実問題としては全ての施策を同時に実行に移すということは極めて難しい。従って、**その重要度に応じて施策に優先順位をつけ、段階的に実行に移していく**ことになる。優先順位に関しては、戦略全体への影響の大きさ、他施策実行への影響の大きさなどから判断する。

　施策の優先順位付けの事例としてある製造メーカーの事例を紹介する。この会社では、生産能力の拡大が課題であり、戦略の重要な要素を占めていた。生産力拡大のためには徹底した既存の現場の効率性向上が不可欠であり、それに伴う施策が数多く準備された。しかし一方でこの会社は現場のモチベーション低下をはじめとする現場力に大きな課題を抱えていた。現場を巻き込んだ集中的な議論を繰り返した結果、現場力向上のための施策を最優先課題として採り上げ、その上で生産性向上のための施策を展開することとした。

5-2
アクションに落とし込む

　施策の抽出と優先順位付けの次に必要な作業は、具体的なアクションへの落とし込みである。ここでの目的は、実際に実行する現場が動けるレベルにまで詳細化することである。

この項目で学ぶこと

- □ アクションは現場にも「手触り感」のあるものにしなければならない。ポイントは、検討に当たって実際の実行現場をどれだけ巻き込めるかという点にかかっている。
- □ アクションの「最初のひと転がり」をスムーズにするために、①実行の成果が見える、②戦略の目的/狙いを象徴している、③核となる人材を実際に動かす、④全社への方針浸透を目的とする、ようなアクションを設定すると上手くいきやすい。
- □ 施策が具体化されたら、「実行計画」（＝「マスタープラン」「アクションプラン」）にまとめあげる。
- □ 推進体制での重要機能は、①意思決定・舵取り、②進捗モニタリング・実行推進、③実行、である。

「手触り感」のあるアクションにするためには

● どれだけ実行現場を巻き込めるか

　この段階になってくると、これまで注意深く「身の丈」に合った戦略を策定してきているにもかかわらずその実現性に関して疑問を持つことになるかもしれない。実際の実行をイメージしてアクションに落とし込むにつれ、「本当にできるのだろうか」「どうやって実行すればいいのか」といった壁にぶつかることになるだろう。また「総論賛成、各論反対」の壁にぶつかることもあろう。しかし、それは避けて通れないプロセスであり、その壁を乗り越えてこそ、本当の意味で戦略に「魂」が入ってくるのである。逆に、実現性に疑問を持たず簡単にアクションを描けてしまうほうがむしろ危険である。現場を見ていない企画部門にありがちであり、まさに「絵に描いた餅」になる可能性が高い。

　一番のポイントは、**検討に当たってどれだけ実際の実行現場を巻き込むことができるか**、ということである。現場における実行上の障害を十分加味しながら、実現性のあるアクションに落とし込んでいく。この際に、現場とともに徹底して悩み、議論を行い、答えを出していくことが必要である。ここでも「膝詰めの議論」が極めて効果的である。

　この実現性の壁を現場とともに乗り越えたというプロセス自体が戦略に魂を込めるということにつながる。そして、そういったプロセスを経て、最終的に現場にも「手触り感」のあるアクションへと落とし込んでいくことができるのだ。

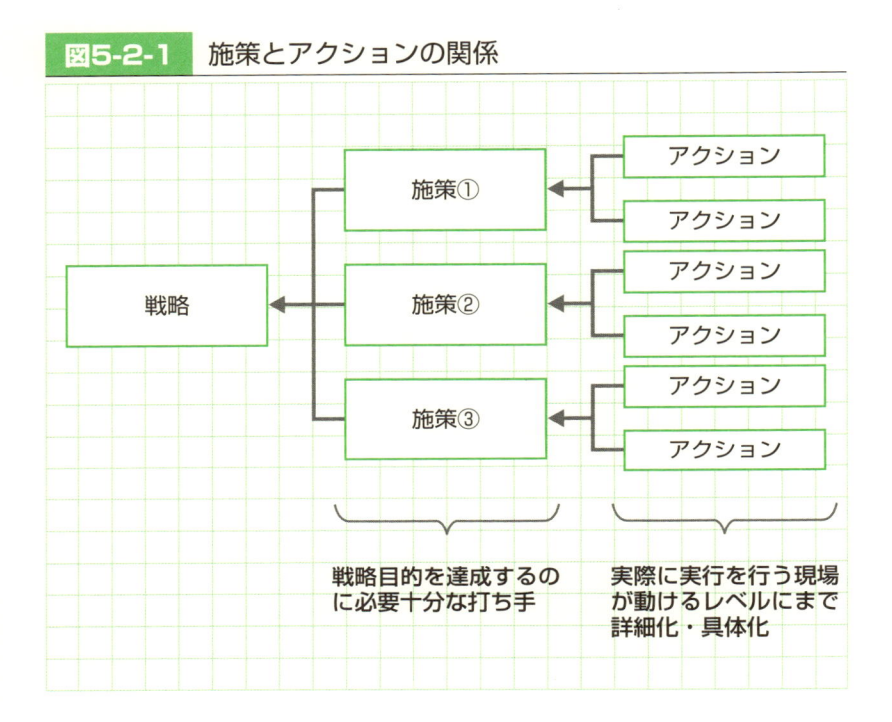

図5-2-1 施策とアクションの関係

戦略 ← 施策① ← アクション / アクション
　　　← 施策② ← アクション / アクション
　　　← 施策③ ← アクション / アクション

戦略目的を達成するのに必要十分な打ち手 ｜ 実際に実行を行う現場が動けるレベルにまで詳細化・具体化

戦略実行の「最初のひと転がり」をどうするか

●会社全体にうねりが広がるような仕掛けが必要

　また、アクションの落とし込みにおいて、意識しておくべきことは、**「最初のひと転がり」**である。戦略を実行に移すための、最初の一歩とも言うべきアクションが極めて重要であり、また実に難しい。「最初のひと転がり」は何でもいいというわけではない。その後、戦略を軌道の乗せていくためのアクションであるべきである。特に実行すべき戦略が、その会社の大きな変革に当たるようなもの

であればなおさらである。会社全体に戦略目標達成に向けたうねりが広がっていくような仕掛けが重要となってくる。またこれまで幾度となく戦略が計画倒れになってしまっている会社にとってはこの「最初のひと転がり」が非常に重要であり、同じ轍を踏まないためにも慎重に検討すべきものである。

　何が「最初のひと転がり」に適したアクションかは、戦略の内容や種類、その会社が置かれている状況によっても変わる。一般的には次のようなアクションが「最初のひと転がり」には適していると思われる。

①実行の成果が目に見えるようなアクション

　いわゆる「クイックヒット」と呼ばれるアクションである。小さい成果でもよいので、実際に成功体験を生み出し、目に見える形で組織の中に発信していくことができるようなアクションである。従って、実行の難易度が低く比較的早い段階で確実に成果がでるものである必要がある。加えて、できればその成果が目に見えるようなもののほうが望ましい。戦略実行の最初の段階においてこういったアクションを仕掛けとして複数組み込むことで、組織の中に成功のクセをつけていくことができる。「戦略立ち消え病」に陥っている会社はこの「クイックヒット」をいかに積み重ねていくことができるかが一つのカギである。

②戦略の目的/狙いを象徴しているようなアクション

　明確に戦略の方向性を打ち出したい場合には、戦略目的に合致したような象徴的アクションが「最初のひと転がり」に適している。先に述べた「クイックヒット」的アクションとは異なり、多少難易

度が高くても大きな動きを伴い、全社に対してメッセージを発信できるようなアクションである。例えば、大規模な組織再編や注力する領域への思い切った資源配分、権限委譲などは極めて象徴的なアクションとなる。また、キーとなる人事異動も社内メッセージとしては大きい。機能横断的なプロジェクトチームの発足なども象徴的アクションと言えるだろう。

③核となる人材を実際に動かすアクション

　戦略を軌道に乗せるに当たって重要なことの一つに、どれだけ核となってくれる人材を早期に社内に作れるかということがある。その場合、実行現場の「場長」としての管理職やリーダーの役割は非常に大きい。そういった核となる人材を早期に巻き込めるようなアクションが「最初のひと転がり」に重要となってくる。核となる人材に責任を与え、動かし、実行をリードしてもらえるようなアクションがあると望ましい。現場に戦略実行の「うねり」を巻き起こしていけそうな人材を早い段階で動かし、「核人材」としていくことが必要である。

④全社への方針浸透を目的としたアクション

　社内への戦略の狙いや方針を浸透させるためのアクションも「最初のひと転がり」としては重要と言える。①〜③のアクションも間接的には社内浸透化に大きく寄与するアクションだが、それ以外にも直接的に社内に働きかけるようなアクションもあわせて実行することが望ましい。戦略実行の「施策」とは別に**「浸透化プログラム」**としてアクションに落とし込むことが多い。一般的な浸透化プログラムには、右ページの図のようなものがある。

図5-2-2　社内浸透化プログラムの例

巻き込み	・戦略実行に向けた推進事務局／取組みプロジェクトの参画メンバーの社内公募 ・社内アンケートやワークショップの実施による詳細検討・実行段階における現場の巻き込み
内容発信／理解促進	・戦略ハンドブックの作成と配布 ・社内キャラバンの実施による社内浸透活動 ・社内組織の各階層へのロールアウト（階層別ワークショップ等の開催）
本気度の提示	・トップによる方針発信と社員との対話機会の創出 ・マネジメント層による戦略遂行に対する決意表明 ・マネジメント層による改革活動への参加

第5章　戦略策定ステップ④　計画・アクションへの落とし込み

実行計画にまとめあげる

●2つのプラン

　施策が具体的な実行レベルにまで詳細化されたら、これを具体的に動かしていくための**「実行計画」**にまとめあげていくことが必要である。ここまでくればいよいよ戦略策定もゴールが見えてくる段階である。

　「実行計画」は、全体を見据えた**「マスタープラン」**と各施策を具体的かつ詳細な計画に落とした**「アクションプラン」**によって構成される。

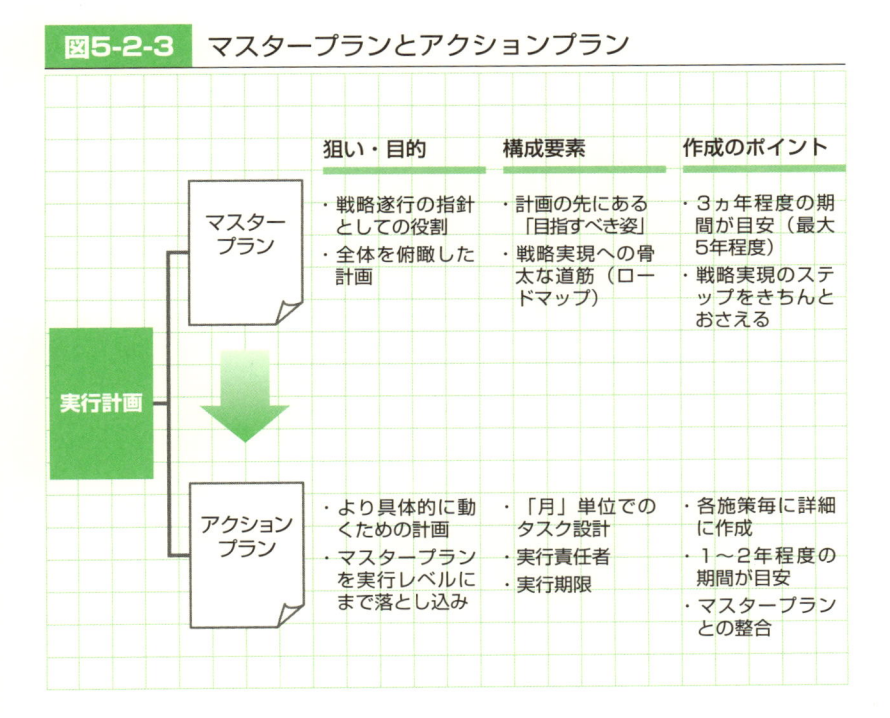

図5-2-3　マスタープランとアクションプラン

実行計画

マスタープラン

狙い・目的
- 戦略遂行の指針としての役割
- 全体を俯瞰した計画

構成要素
- 計画の先にある「目指すべき姿」
- 戦略実現への骨太な道筋（ロードマップ）

作成のポイント
- 3ヵ年程度の期間が目安（最大5年程度）
- 戦略実現のステップをきちんとおさえる

アクションプラン

狙い・目的
- より具体的に動くための計画
- マスタープランを実行レベルにまで落とし込み

構成要素
- 「月」単位でのタスク設計
- 実行責任者
- 実行期限

作成のポイント
- 各施策毎に詳細に作成
- 1～2年程度の期間が目安
- マスタープランとの整合

マスタープランを作成する

●戦略実現に向けた骨太の計画

　「マスタープラン」は、戦略実現に向けた骨太の計画のことである。戦略の範囲や内容、実現までに要する時間にもよるが、概ね3カ年程度の計画が目安となる。戦略は「ナマモノ」であり、当然のように賞味期限がある。つまり、環境変化が非常に早くなってきている昨今、3年以上先の計画を立ててもあまり意味をなさない。一方で、大きな戦略実現のステップとしての3カ年をきちんと抑えておくことはとても重要だ。つまり、今後の戦略遂行の指針としていくべき役割を担っているのが「マスタープラン」なのである。「マスタープラン」に盛り込まれるべき要素は計画の先にある「目指すべき姿」と戦略実現への骨太な道筋（ロードマップ）である。

　①計画の先にある「目指すべき姿」
　「目指すべき姿」については、戦略遂行に関わる全ての関係者がその到達点をイメージできるようなものでなければならない。戦略遂行の結果どこに向かっていくのかをこの「マスタープラン」で改めて明確に示すことが重要である。

　「目指すべき姿」には、戦略実現の結果、到達する企業・組織の絵姿が明確であること、意思決定をガイドする明確な方向性があること、実現性があること、そして分かりやすくシンプルであることが求められる。また数値的な到達目標もあわせて設定しておくことが必要である。数値目標に関しては、ストレッチした目標であると同時に、戦略・施策に裏付けられた実現可能なものであることが重要である。

②戦略実現への骨太な道筋(ロードマップ)

「ロードマップ」は、到達点・目指すべき姿に向けたまさに戦略実現の「地図」であり、どういった道筋・順序で目標を達成していくのか、ということを明らかにするものである。この「ロードマップ」が不十分であったり、間違っていたら、当然のことながらゴールには到達しない。戦略や経営計画がいつも達成できない企業はこの「ロードマップ」に問題を抱えている場合も多い。

「ロードマップ」策定のポイントとしてまず第一に必要なことは、戦略実現に向けた大きなステップが明確になっていることである。マスタープランに重要なことは詳細な計画ではなく骨太な道筋である。つまり、どの航路を選択し、どういった経由地を経て、最終目的地に到達するのかを決める作業である。**マスタープランで設定している期間のそれぞれの年度において実行・実現すべきこととが明らかになっていることが重要である。**

次に必要なポイントは、大きなステップに沿って、ぞれぞれの「施策」をどういった順序で実現していけばよいかを設計することである。この時に最も重要なことは、戦略実現に向けた実現性の高い計画になっているかどうかということである。自社の組織能力や現有戦力に対して無理のない計画になっているか、また、施策実施の順序に間違いはないか、つまり設計したステップを踏めば確実に戦略が実行されるのか、ということを繰り返し確認しながら計画に落とし込んでいくことが求められる。

三つめに重要なことは、**マイルストーン**が明確に設定されていることである。マイルストーンとは、戦略や計画実現の中で工程遅延の許されないような大きな節目、もしくはそのときの状況によって意思決定の判断が求められるような大きな節目のことである。それ

それのマイルストーンごとに、そのときにおける達成目標が設定されている必要がある。基本的にはそのマイルストーンを目標に戦略を実行に移し、またマイルストーンを基準に進捗をモニタリングしていくことになる。

　四つめのポイントとしては、自社の戦略実現の道筋と合わせて、戦略の前提となる事業環境変化の「読み」をロードマップに組み込んでおくことも重要である。前述のマイルストーンと合わせて戦略実行をモニタリングしていくための重要な要素である。つまり、前提としている事業環境変化のスピードが変ったり、方向性が変った場合には、迅速に戦略の軌道修正を行うことができるようにしておく必要があるからである。

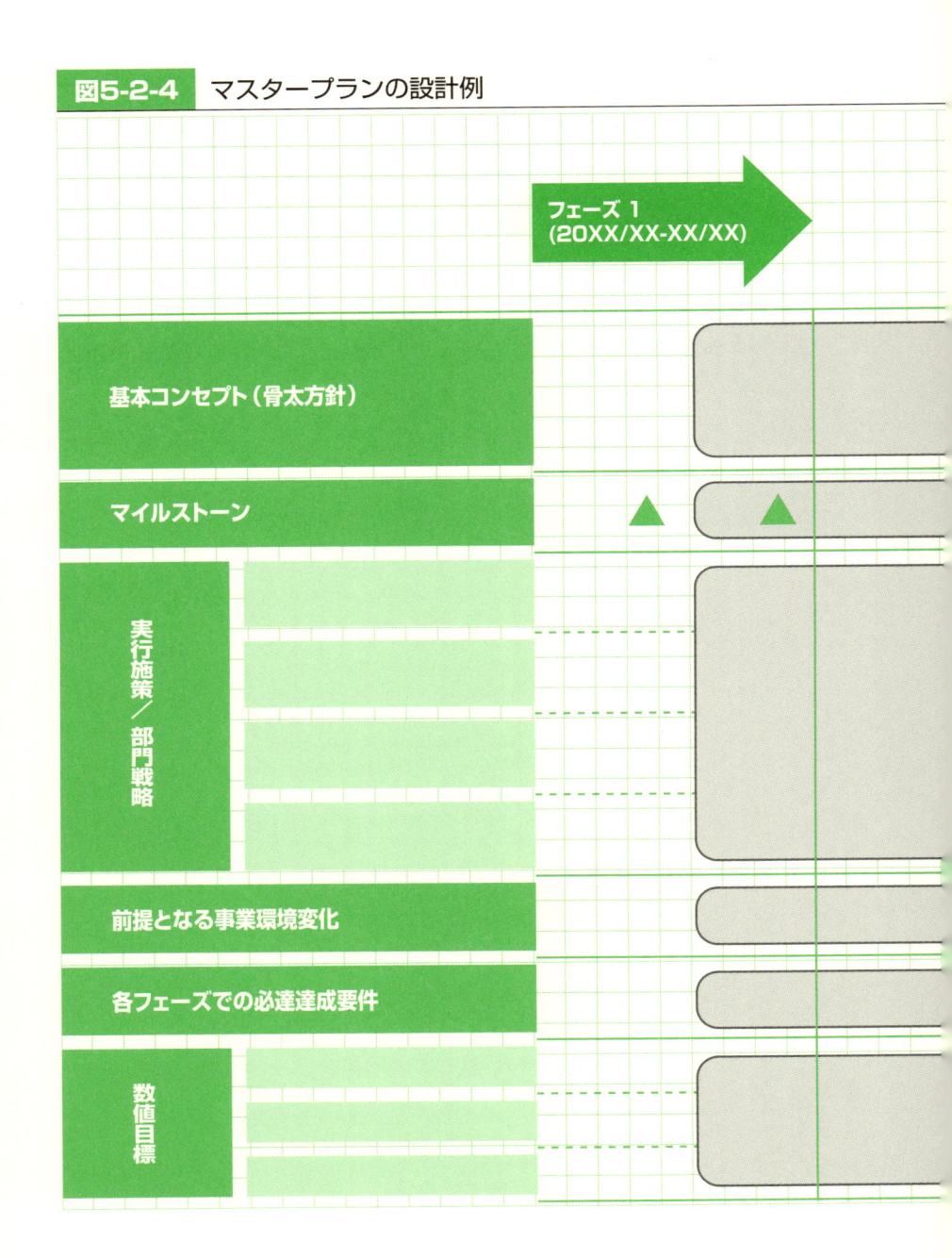

第5章 戦略策定ステップ④ 計画・アクションへの落とし込み

図5-2-4 マスタープランの設計例

フェーズ1
(20XX/XX-XX/XX)

- 基本コンセプト（骨太方針）
- マイルストーン
- 実行施策／部門戦略
- 前提となる事業環境変化
- 各フェーズでの必達達成要件
- 数値目標

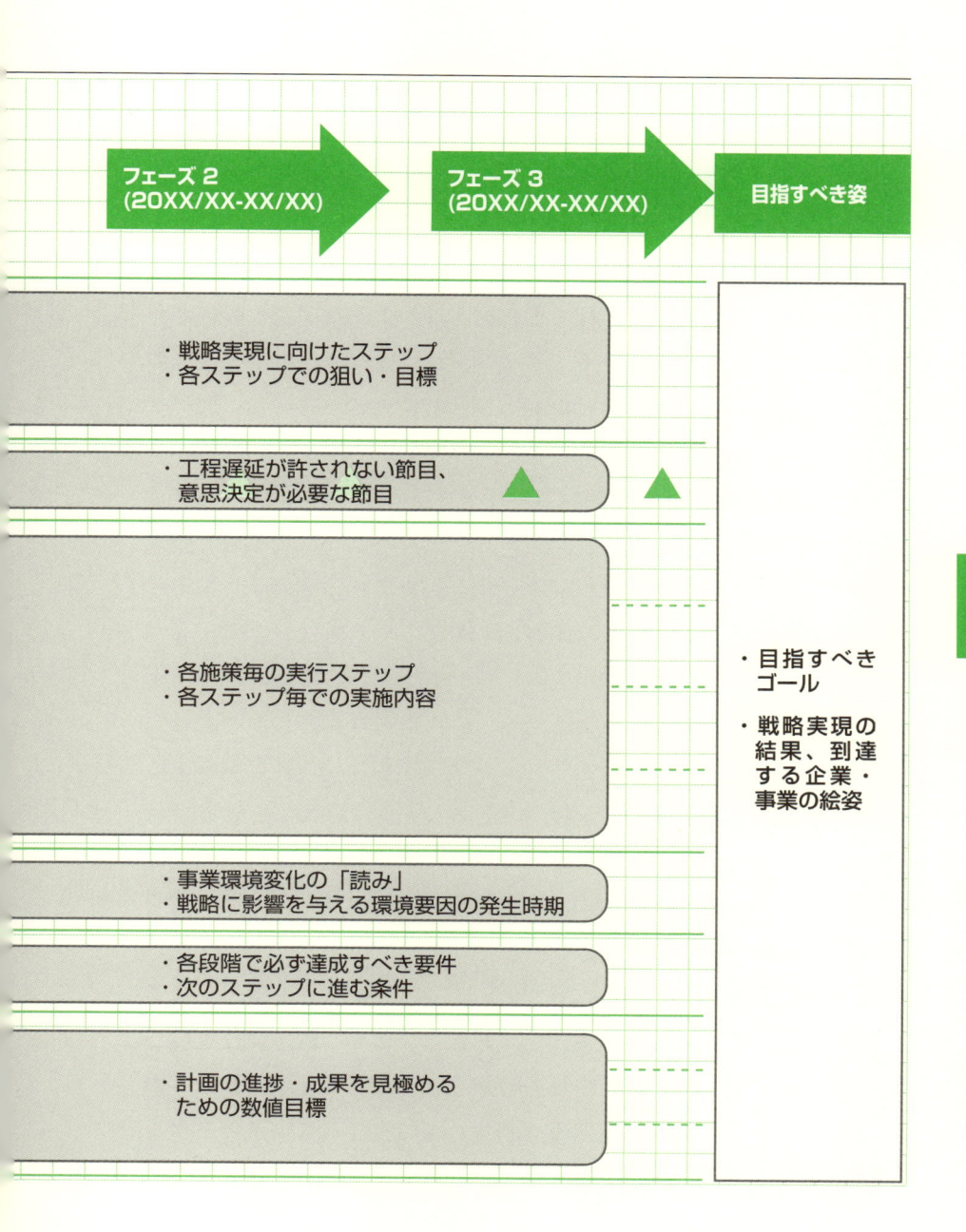

フェーズ2
(20XX/XX-XX/XX)

フェーズ3
(20XX/XX-XX/XX)

目指すべき姿

- 戦略実現に向けたステップ
- 各ステップでの狙い・目標

- 工程遅延が許されない節目、意思決定が必要な節目

- 各施策毎の実行ステップ
- 各ステップ毎での実施内容

- 目指すべきゴール
- 戦略実現の結果、到達する企業・事業の絵姿

- 事業環境変化の「読み」
- 戦略に影響を与える環境要因の発生時期

- 各段階で必ず達成すべき要件
- 次のステップに進む条件

- 計画の進捗・成果を見極めるための数値目標

第5章 戦略策定ステップ④ 計画・アクションへの落とし込み

243

アクションプランを作成する

●実行レベルまで落とし込む

　「マスタープラン」をさらに実行レベルに落とし込んだものが「アクションプラン」である。より具体的に動くための計画であり、各施策ごとに詳細に作成される必要がある。実際に現場が動けるだけの計画に落とす必要があり、通常1～2年といった単位で作成する。特に1年目については、「最初のひと転がり」が確実に「アクションプラン」に組み込まれている必要がある。

　「アクションプラン」策定においてまず第一に重要なポイントはその「具体性」である。アクションレベルに落とされた施策を確実に計画に落としておくことが求められる。つまり、施策ごとにそれぞれのアクションが、「月」単位で具体的にタスク（＝作業）レベルに落とされ、かつスケジューリングされている必要がある。

　二つめに重要なポイントとして、「マスタープラン」との整合性が挙げられる。実際には「アクションプラン」は具体性を重視するため、詳細なタスクの積み上げ（ボトムアップ）によって作成される。従ってその結果大きな方向性を示したトップダウン型の「マスタープラン」と乖離が発生する場合もある。常に両方の同期を図りながら双方を作成していくことが必要である。

　三つめとして、「アクションプラン」に欠かせないのは、各アクションごとの実行責任者の明確化である。つまり、**誰が責任を持って、いつまでに、何を完了させるのか**、ということを明確にしておくことが求められる。これらの点があいまいになっているとアクションが実行されずに先延ばしになってしまう危険性が高い。

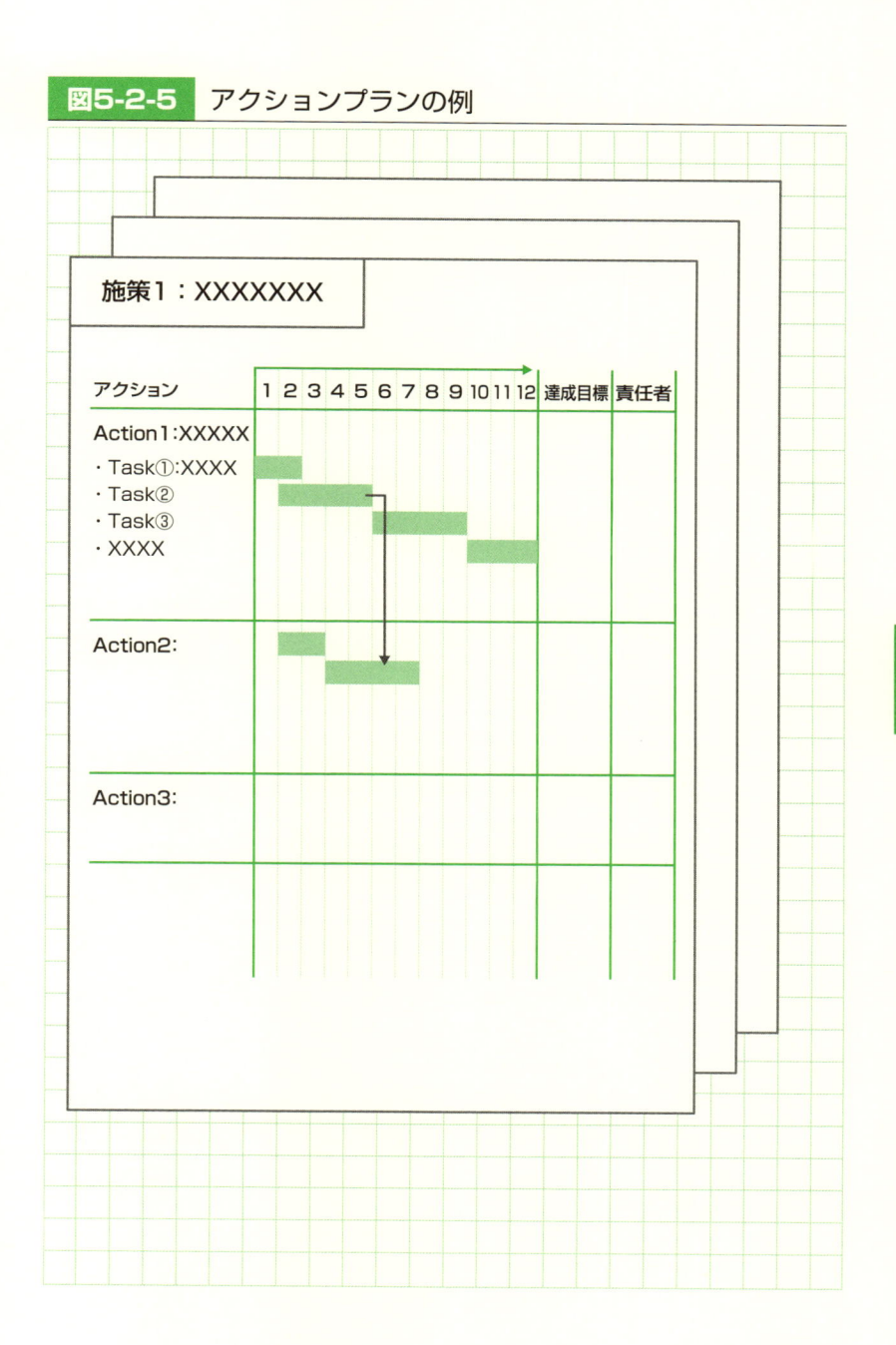

図5-2-5 アクションプランの例

施策1：XXXXXXX

アクション	1 2 3 4 5 6 7 8 9 10 11 12	達成目標	責任者
Action1：XXXXX ・Task①：XXXX ・Task② ・Task③ ・XXXX			
Action2：			
Action3：			

第5章 戦略策定ステップ④ 計画・アクションへの落とし込み

推進体制を構築する

●戦略の遂行に必要な三つの機能

　大きな指針となる「マスタープラン」と、より具体的な動きにつながる「アクションプラン」の策定によって「実行計画」が整えば、次はそれらを実行に移すための推進体制、実行体制について考えなくてはならない。戦略の遂行に必要となる重要機能は、**①意思決定・舵取り**、**②進捗モニタリング・実行推進**、**③実行**、の三つである。

図5-2-6　推進体制に必要な機能

	主な役割	通常時の体制（例）	プロジェクトの場合（例）
意思決定・舵取り機能	・戦略全体の統括 ・目標・方向性の提示 ・意思決定 ・戦略の軌道修正 ・発生した問題への対処	マネジメント（取締役会）	ステアリングコミッティ
進捗モニタリング・実行推進機能	・戦略の実行部隊への展開 ・「実行計画」に対する進捗モニタリング ・実行部隊への支援	企画部門	プロジェクト推進オフィス
実行機能	・具体的な戦略実行	各執行部門	プロジェクトチーム

①に求められるのは、戦略全体の統括、目標・方向性の提示・意思決定、戦略の軌道修正、発生した問題への対処、②に求められるのは、戦略の実行部隊への展開、「実行計画」に対する進捗モニタリング、実行部隊への支援、そして③に求められるのは、具体的な戦略実行である。例えば、通常の全社戦略のような場合には、①の機能はマネジメント（取締役会など）が担い、②の機能は企画部門が担い、③は各執行部門が担う、という構造になるだろう。

大きな改革や新たな取り組みとして通常以上の推進力が必要な戦略の場合には、時限的な推進体制の構築が必要となる。いわゆる**「プロジェクト」**としての立ち上げである。その戦略の内容にもよるが、全社的な改革の取組みとして①から③まで全ての機能を通常のライン組織とは別に設置する場合もあれば、特定の施策の実行に関して一部プロジェクトチームを編成するような場合もある。前者のように通常の組織とは別に立ち上げる場合には、①の機能として、その戦略遂行に特化し戦略全体の責任を負う「ステアリングコミッティ」を立ち上げることになる。この「ステアリングコミッティ」はマネジメントにより組織され、まさに経営と直結した組織として位置づけられる。これは、意思決定を迅速にすることとトップダウンでの実行力を強化するためである。

また、②の役割として「プロジェクト推進オフィス」といった戦略遂行をサポートしていく組織を設置し、③の実行に関しても各施策ごとに責任者を任命し「プロジェクトチーム」を編成する。プロジェクトチームの編成の仕方としては、より全社改革的な案件であれば、**部門横断的チーム（クロスファンクショナルチーム）**を編成することが有効な場合が多い。さらに、より責任と権限を現場に与え実行性を高めていくのであれば、兼任のプロジェクトチームでは

第5章　戦略策定ステップ④　計画・アクションへの落とし込み

なく、時限措置的な単一組織として、専任メンバーによって編成することも有効である。

　以上のように、「実行計画」と「推進体制」を構築したら、ついに戦略立案のプロセスは完了である。いよいよ次は策定した戦略を実行に移していくステップである。

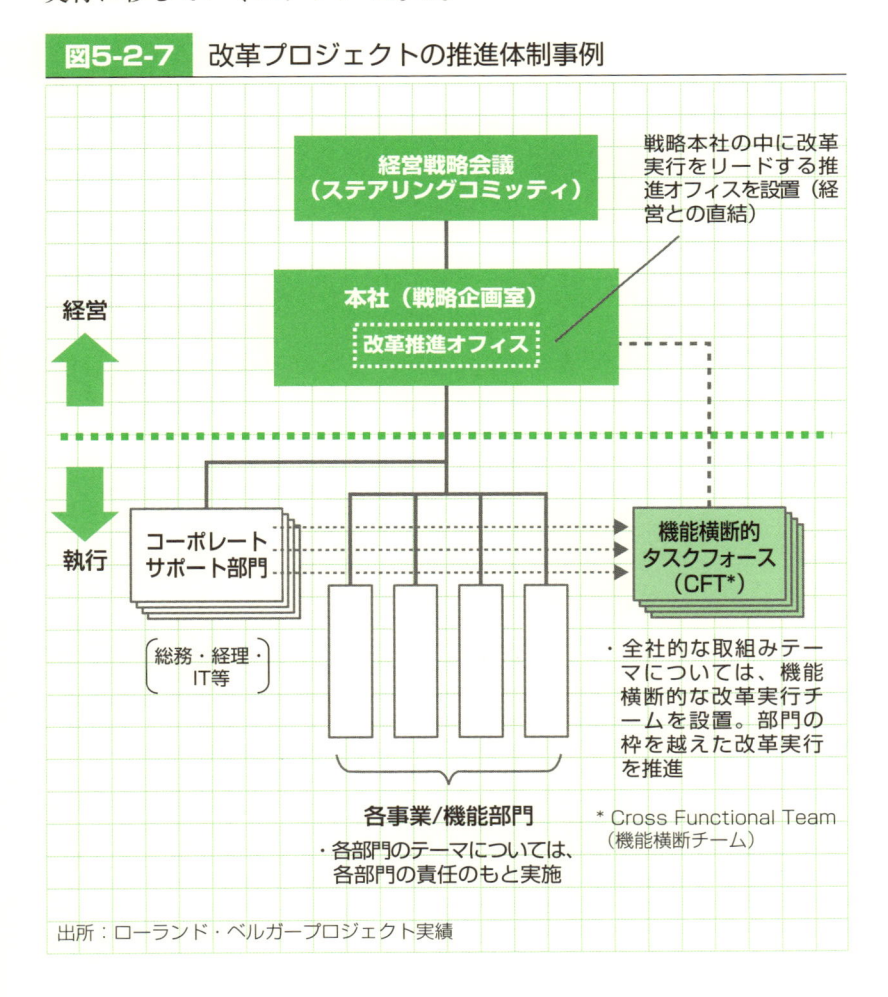

図5-2-7　改革プロジェクトの推進体制事例

戦略本社の中に改革実行をリードする推進オフィスを設置（経営との直結）

- 経営戦略会議（ステアリングコミッティ）
- 本社（戦略企画室）
  - 改革推進オフィス

経営 ／ 執行

- コーポレートサポート部門（総務・経理・IT等）
- 各事業/機能部門
  - 各部門のテーマについては、各部門の責任のもと実施
- 機能横断的タスクフォース（CFT*）
  - 全社的な取組みテーマについては、機能横断的な改革実行チームを設置。部門の枠を越えた改革実行を推進

* Cross Functional Team（機能横断チーム）

出所：ローランド・ベルガープロジェクト実績

図5-2-8　配付資料への落とし込み

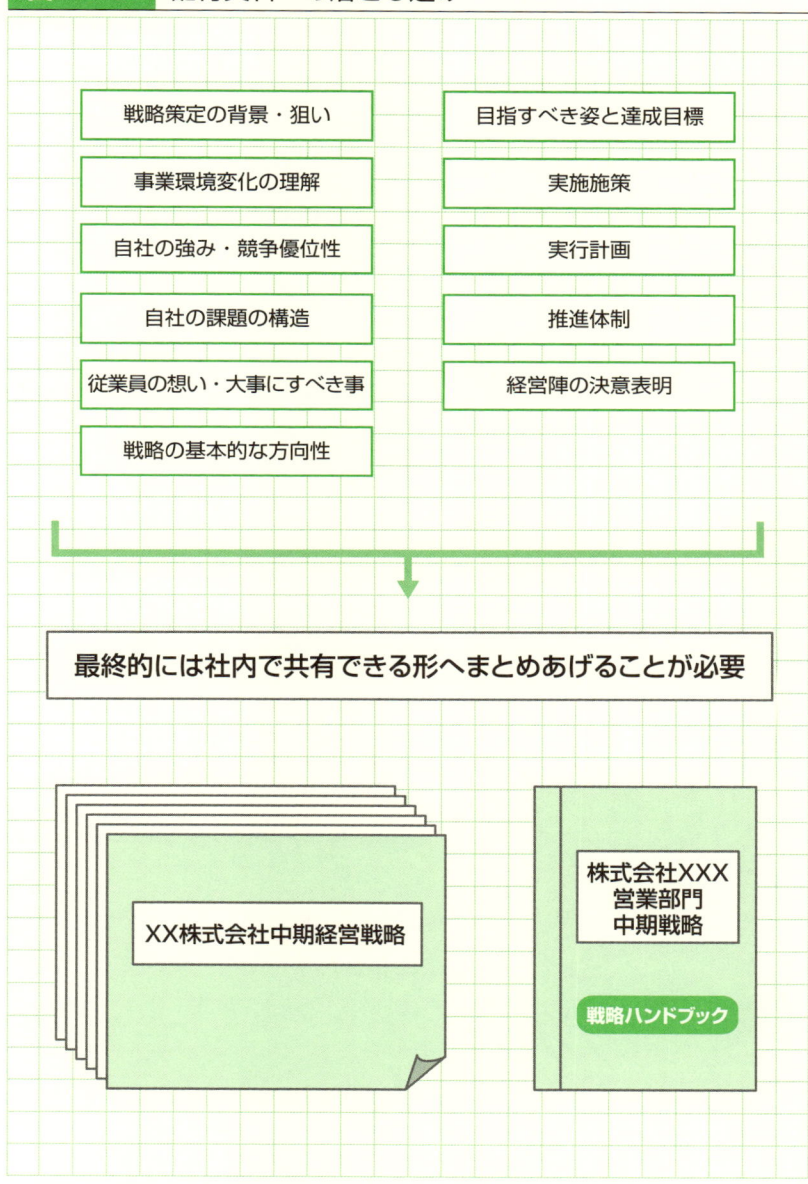

- 戦略策定の背景・狙い
- 事業環境変化の理解
- 自社の強み・競争優位性
- 自社の課題の構造
- 従業員の想い・大事にすべき事
- 戦略の基本的な方向性

- 目指すべき姿と達成目標
- 実施施策
- 実行計画
- 推進体制
- 経営陣の決意表明

↓

最終的には社内で共有できる形へまとめあげることが必要

XX株式会社中期経営戦略

株式会社XXX
営業部門
中期戦略

戦略ハンドブック

第5章 戦略策定ステップ④ 計画・アクションへの落とし込み

ワーク　第4章で決定した、ソニーのゲーム機事業、日本航空（JAL）の旅客事業、資生堂のシャンプー事業それぞれの戦略オプションに基づき、実際にそれを実行するために必要な「施策」としてどういったものがありそうか、考えてみよう。

検討の視点　それぞれのオプションを実行するために何が必要か、以下の視点、ポイントを特に重点的に考えてみよう。

・誰がターゲットで、どういった価値を提供するのか。競合とどう差別化するのか？
・その場合、マーケティング（商品、価格、広告宣伝・販促、チャネル）においてはどういった取り組みが必要なのか？
・また、オペレーションの側面（研究開発、調達、生産、物流、販売等）からはどういったことが必要なのか？
・上記を実現していくために、組織や人材、設備等においては何が必要か？

第6章
確実に「実行」するために

ここからは、まさに戦略を実行に移していく段階に入る。どんなに立派な戦略を立案しても、それを実行に移し結果を出せなければ、まさに「絵に描いた餅」になってしまう。策定した戦略の「真価」が問われる重要な段階だ。

6-1
「実行」のために必要なこと

　計画することは簡単だが、実行することは本当に難しい。こと組織単位の取り組みとなると、あらゆる要因がアクションを阻害することになる。失敗する前に、実行するための「コツ」をここで事前に知っておくことで、実現に少しでも近づいてもらいたい。

この項目で学ぶこと

☐ 戦略実現で最も重要なことは、「愚直なまでにPDCAを繰り返すこと」である。具体的には、進捗のモニタリングと、現場での改善、戦略の軌道修正が欠かせない。

☐ 「見える化」によって組織能力を向上させる努力をすること。「見える化」には「管理のための見える化」と「自律のための見える化」がある。

☐ 強い経営は、「骨太で合理的な戦略」と「自ら問題を発見し解決する強い現場力」の両方を兼ね備えていることが条件である。両者は車の両輪のように機能し合っている。

経営と現場で、PDCAを徹底しよう

●愚直なまでにPDCAを徹底すること

戦略を実現していくに当たって、もっとも重要なことは**「Plan⇒Do⇒Check⇒Action（PDCA）」**サイクルの愚直なまでの徹底である。この中で、「Plan」はまさに戦略立案のステップであり、「Do」は実行である。そして「Check」は戦略実行の進捗モニタリングであり、「Action」はモニタリングの結果をもとにした改善や軌道修正である。

企業によっては、戦略を立案（Plan）して着手（Do）するところまではよいが、そのモニタリング（Check）と軌道修正（Action）を実施できていないこともよくあるので注意しよう。

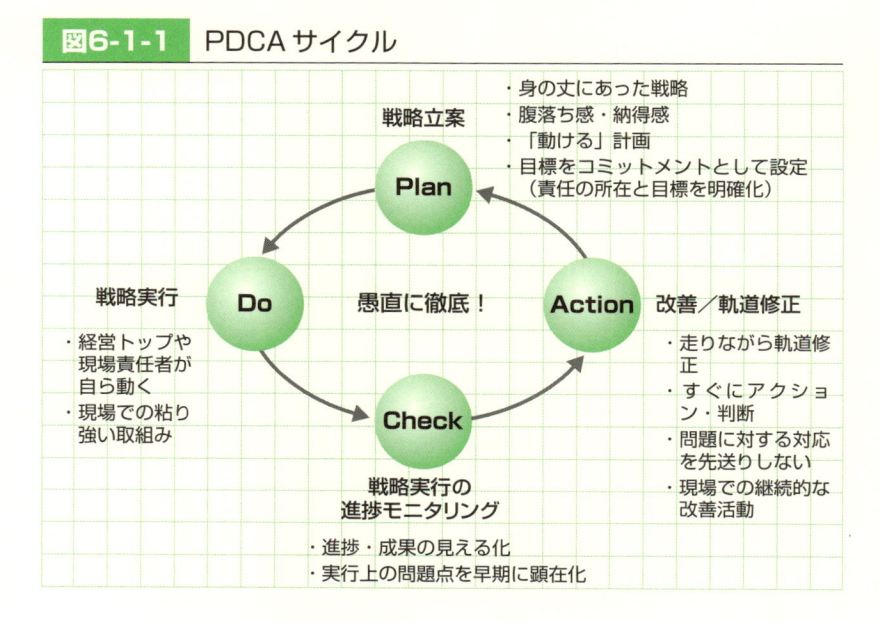

図6-1-1 PDCAサイクル

```
              戦略立案              ・身の丈にあった戦略
                                   ・腹落ち感・納得感
                Plan               ・「動ける」計画
                                   ・目標をコミットメントとして設定
                                     （責任の所在と目標を明確化）

戦略実行                                            改善／軌道修正
・経営トップや    Do   愚直に徹底！   Action        ・走りながら軌道修
  現場責任者が                                        正
  自ら動く                                         ・すぐにアクショ
・現場での粘り         Check                          ン・判断
  強い取組み                                       ・問題に対する対応
             戦略実行の                               を先送りしない
             進捗モニタリング                       ・現場での継続的な
                                                    改善活動
           ・進捗・成果の見える化
           ・実行上の問題点を早期に顕在化
```

第6章 確実に「実行」するために

●進捗モニタリング

　進捗をモニタリングしていくためには、戦略の進捗や成果を図るための基準が必要である。「マスタープラン」には目指すべき姿と達成目標が埋め込まれている。端的に言えば、それらが成果・進捗判断の基準となる。実際には、「マスタープラン」をもとにして、各年ごと、もしくは各タイミングごとに、定量的な指標と定性的に見るべきポイントを設計しておくことになる。そしてそれらの基準値に対して進捗状況を「見える化」できる仕組みを組み込んでいくことが重要である。

●現場での改善と戦略の軌道修正

　成果・進捗だけモニタリングしても、何か問題や遅れ等が発生したときに迅速に動ける体制を構築しておかなければ意味がない。当初の想定どおりに計画が進まないことは日常茶飯事である。計画との乖離を迅速にキャッチするとともに、そうした乖離に対して迅速に対応できることが、計画通りに物事を進めることと同じくらい重要である。

　また、このPDCAのサイクルを、現場と経営の双方で廻し続けることが極めて重要である。現場レベルにおいては、日々状況や問題をチェックし、微修正や改善活動を行っていく必要がある。現場レベルで自律的に戦略実行を推進できる会社は非常に強い。が、その前提としては、経営レベルにおける的確かつ迅速な経営判断が必須だ。そういった的確かつ迅速な軌道修正を行うために必要な情報が常に社内で共有され、適切な意思決定がなされるような体制作りが重要である。

「見える化」で組織能力を上げよう

●「見える」ことは企業の競争力

　「見える化」とは企業活動の様々なものを「見える」ようにする取組みである。戦略立案ならびに戦略実行フェーズの両方において「見える化」は極めて重要な役割を果たす。特に前述の進捗モニタリングには「見えている」ことが不可欠である。「見える化」の活動を推し進めることで企業の問題解決能力を高め、加速させることができる。様々な問題解決の取り組みや、企業活動の意思決定の過程において、必要なものを「見える化」し、問題の発見、実態の直視、共通認識の醸成、知恵の創出、取組み結果の検証、など一連のサイクルを廻し続けることが「見える化」の本来の目的である。

　企業活動において、「見える」ということは競争力の源泉と言っても過言ではない。経営から現場に至るまで、悪いことから良いことまで必要な情報が必要なタイミングで「見える」状況になっていれば、必要なアクションを適切かつ迅速に実施することができる。それは現場における地道な改善活動から、経営の意思決定に至るまで大小問わず全ての企業活動に当てはまることである。つまり、組織の隅々に「見える化」が企業インフラとして整備され、経営思想として定着している企業は強い経営を実現している企業である。そういった会社では「見える化」されている現状に基づき明確な戦略を立案することができるし、戦略の進捗も的確にモニタリングできる。

　実際の企業活動においては、実に様々なことが「見えない」「見えていない」のが実状である。当然ながら企業活動の全てを見るこ

とはできないし、本社の机に漫然と座っていたり本社で会議を行っているだけでは、最前線の現場で起きていることなど見えるはずがない。また、単に視覚的に「見えていない」だけではなく、見せない、見ようとしない、見る努力をしていない、何を見てよいかわからない、といった状況に陥っていることも多い。ITが進展し、多くの企業において情報管理や情報共有が進んでいるが、単に情報システムを導入しただけで「見える化」を実践していると思っている企業や、情報の洪水に溺れて本当に必要なものが見えていない企業も多いのではないか。

　放っておいては情報は見えてこない。本来「見えない」「見せたくない」ものが多い中で、どんなに情報システムを整備しても、「見せよう」とする意思、「見える」ようにする知恵、「見る」ための努力がなければ「見える化」は実現できない。つまり、「見える」ようにするのは人間の意思である。「見える化」の活動は極めて人間くさい取組みなのだ。

●「管理のための見える化」と「自律のための見える化」

　「見える化」には、「管理のための見える化」と「自律のための見える化」の二つがある。「管理のための見える化」とは、経営もしくは本社が経営管理、事業管理、意思決定のために行う「見える化」であり、「自律のための見える化」とは、現場が自分たちの問題解決のために自主的に行う見える化である。「管理のための見える化」と「自律のための見える化」はまさに「見える化」活動の両輪であり、双方が有機的に機能していることが極めて重要である。強い経営というのは、**「骨太で合理的な戦略」**と**「自ら問題を発見し解決する強い現場力」**の両方を兼ね備えていることが条件であり、それ

図6-1-2 管理のための見える化と自律のための見える化

「管理」と「自律」のための「見える化」は両輪

管理のための「見える化」
・経営もしくは本社が経営管理、事業管理、意思決定のために行う「見える化」

自律のための「見える化」
・現場が自分たちの問題解決のために自主的に行う「見える化」

↓
骨太で合理的な
ビジョン・戦略

↓
自ら問題を発見し、
解決する強い現場
（現場力）

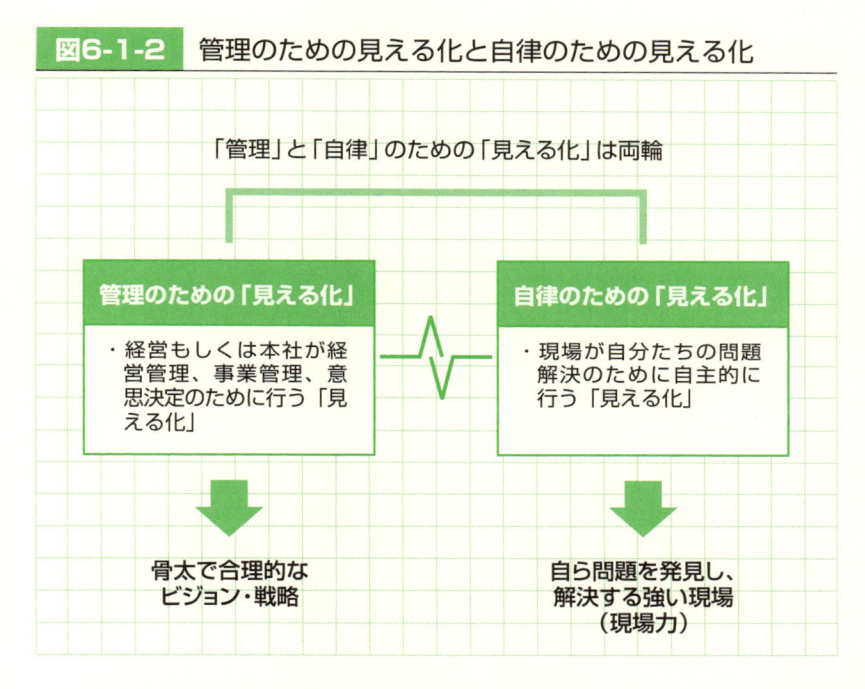

らを実現するための前提が、「管理のための見える化」と「自律のための見える化」である。

　一般的に経営者は「管理のための見える化」にどうしても目が行きがちである。また、間違った「管理のための見える化」を進めている会社も少なくない。例えば、「見える化」の名を借りた「管理強化」になっていたり、「KPIマネジメント」や「バランスト・スコア・カード」というツールに安易に飛びついたり、単に情報を集めることが目的化していたり、情報を吸い上げるために現場に過度な負荷をかけていたり、膨大な費用をかけて情報システムを構築しても満足に使いこなせていなかったり、とその例には枚挙にいとまがない。

　「管理のための見える化」に必要なことは、経営の意思決定や判

断に必要な情報が必要なときに必要なだけ見えることである。言い換えれば、それぞれの企業経営において、本当に必要な情報は何なのかを経営者や本社が明確に理解しておく必要があるということである。それは、売上や利益といった財務情報だけではないはずだ。抱えている事業の成果を確実に理解・判断できるようなパフォーマンス指標、自社の組織能力を把握する指標、重要なプロジェクトや取組みの進捗を見極める指標、など見るべきものは事業特性や企業が置かれている状況によっても変わってくる。

　そして、より重要なことは、「見えた」情報を正しく理解し、その情報をもとに的確な判断を行い迅速にアクションに繋げることができるかどうかである。アクションにつなげることで初めて「見える化」の目的が達成されるのである。当然、行ったアクションの成果・進捗を「見る」ことも忘れてはならない。

　また「管理のための見える化」には、現場から正しい情報、必要な情報が上がってくることが前提である。そのためには、経営としても正しい情報を現場に「見せて」いく必要があるし、「自律のための見える化」が機能していてこそ、初めて現場から正しい情報が上がってくるのである。そういう意味でも、「管理のための見える化」と「自律のための見える化」は経営の両輪である。

●強い現場を作るために

　一方、両輪の片方である「自律のための見える化」が経営方針として展開・実現されている会社は少ない。「強い現場」とは自ら問題を発見し自ら解決できる現場である。また、立案した戦略を実行するのはまさに現場である。現場での問題解決の第一歩は問題発見であり（発見されていない問題は永遠に解決することができない）、

「見える化」はまさにその入り口である。現場において「自律のための見える化」が行われていることが強い現場の証と言える。

しかしながら自律的な強い現場は放っておいて作られるものではない。「見える化」を通じた活動を単なる手法として捉えるのではなく、「経営思想」として経営から現場の一人ひとりに至るまで腹に落として理解することが必要である。そして「現場こそが価値を生み出すエンジン」であるという基本精神を全員が共有することが重要なのである。

以上のように、戦略実行を確実にしていくための仕組みとして、徹底したPDCAの実現と、組織的な「見える化」に触れた。この2つが有効に機能していくための条件は、**「粘り強い愚直な継続」**である。「継続は力なり」というがまさにその通りである。いかに愚直にやり続けることができるかが、強い会社と弱い会社を分けるといっても過言ではない。どんなに優れた戦略であっても実行に移すことができなければ絵に描いた餅になってしまうことは繰り返し述べてきた。「動く」戦略を作り出し、結果を出していくためにも、この「継続」は重要なキーワードである。

まさに、「身の丈にあった合理的戦略」と、それを実現する「強い現場」の2つの歯車がかみ合って初めて、真の競争力となっていくのである。

参考資料

参考資料　価値観を可視化するrbプロファイラー（98ページ参照）

19の価値観

大規模消費者調査より明らかにした、19の普遍的な消費者価値

ソリューション	刺激	社会連帯	コスト
・品質 ・保証・実績 ・サービス ・先進技術 ・効率性 ・カスタマイズ	・仲間・友人 ・自由・楽観 ・活力・行動力 ・普遍・一流 ・斬新・クール ・スリル・楽しさ ・情熱	・リラックス・癒し ・シンプル ・自然志向 ・正義・倫理	・賢い買い物 ・トータルコスト

↓ 19の価値観をマップ上で可視化

rbプロファイラーによる可視化事例（ルイ・ヴィトンユーザーの価値観）

消費者の価値観、ブランド提供価値
（マップ上の位置は市場によって異なる）

- 特定の消費者グループが持つ価値観を可視化
  - 緑は肯定的な価値観
  - グレーは否定的な価値観
- マップの中央に近いと、より共通、普遍的な価値観
- マップの外側に位置するものほど、際立った価値観

消費者の価値観の軸
- 縦軸　Ⓔ 情緒的／Ⓡ 合理的
- 横軸　＋ 消費性向「高」／－ 消費性向「低」

（マップ内ラベル：社会連帯型／刺激型／コスト重視型／ソリューション型、正義・倫理、情熱、スリル・楽しさ、活力、自由・楽観、情熱、自然、普遍・一流、斬新・クール、純粋・シンプル、リラックス・癒し、仲間・友人、サービス、先進技術、品質、効率性・利便性、賢い買い物、保証・実績、カスタマイズ、トータルコスト）

●監修者・著者紹介●

【監修者】

遠藤　功（えんどう　いさお）

早稲田大学商学部卒業。米国ボストンカレッジ経営学修士（MBA）。三菱電機、米系戦略コンサルティング会社を経て、現在は欧州系最大の戦略コンサルティング・ファームであるローランド・ベルガーの日本法人会長。ローランド・ベルガードイツ本社のSupervisory Board（経営監査委員会）のメンバーでもある。グローバル戦略、リストラクチャリング、オペレーション戦略などの分野において、戦略策定のみならず実行支援を伴った「結果の出る」コンサルティングとして高い評価を得ている。

早稲田大学ビジネススクールでは、経営戦略論、オペレーション戦略論を担当し、現場力の実践的研究を行っている。著書に、『現場力を鍛える』『見える化』『ねばちっこい経営』『プレミアム戦略』『現場力復権』（以上、東洋経済新報社）、『MBAオペレーション戦略』（ダイヤモンド社）、『企業経営入門』（日本経済新聞社）、『ビジネスの"常識"を疑え！』（PHP研究所）など多数。

ローランド・ベルガーについて

ローランド・ベルガーは、ドイツ・ミュンヘンに本拠地を置く、欧州を起点とした唯一のグローバル戦略コンサルティング・ファーム。その東京オフィスはローランド・ベルガーのアジア地域における中心的拠点として、自動車、消費財・流通、機械・電機、医薬・ヘルスケア、金融、IT・通信、運輸、不動産、公共などの幅広いクライアントに対して、企業戦略からマーケティング戦略、ブランドマネジメント、営業力強化、オペレーション戦略、幹部研修に至るまで、そのクライアントの抱える課題に応じてさまざまなコンサルティングサービスを提供している。企業・事業再生やバリューアップ、現場力強化・見える化といった領域にも強みを持つ。「Creative strategies that work!（成果を生む、創造的戦略策定）」をミッションとして、結果の出るコンサルティングの実践、クライアントの腹に落ちるソリューションの提供に徹底してこだわり続けており、各方面のクライアントから高い評価を得ている。

株式会社ローランド・ベルガー

〒107-6023 東京都港区赤坂1-12-32 アーク森ビル23F

Tel. 03-3587-6660　Fax. 03-3587-6670

E-mail: office_tokyo@rolandberger.com

【著者】

鬼頭孝幸（きとう　たかゆき）（第2・3章、全体まとめ担当）
東京大学法学部卒業後、米系戦略コンサルティング・ファーム、ベンチャー経営を経て、ローランド・ベルガーに参画。アパレル、化粧品、百貨店など消費財・流通業界や自動車業界を中心に、ブランドマネジメント、マーケティング戦略、事業戦略の立案・実行支援に豊富な経験を持つ。特にアパレル業界に強みを持つ。ブランドや流通に関する寄稿・講演多数。近著に『ブランドのレシピ』

山邉圭介（やまべ　けいすけ）（第4・5・6章担当）
一橋大学商学部卒業後、国内系コンサルティング・ファームを経て、ローランド・ベルガーに参画。消費財、自動車、建設・住宅、部品、サービス業など幅広い業界において、営業・マーケティング戦略、ブランド戦略の立案・実行支援に豊富な経験を持つ。近年は、企業・事業再生、業務改革、現場力強化などの分野で数多くのプロジェクトを手掛け、地に足の着いた結果の出る泥臭いコンサルティングを実践している。

朝来野晃茂（あさくの　てるしげ）（オープニング・第1章担当）
東京大学大学院工学系研究科修士課程修了後、米国系戦略コンサルティング・ファーム、インターネットベンチャー、三菱商事を経て、ローランド・ベルガーに参画。メディア・エンターテインメント、流通・小売、サービス、消費財などの業界を中心に、全社／事業戦略、営業・マーケティング戦略立案・実行支援や新規事業の企画・立ち上げ支援に豊富な経験を持つ。特に、エンターテインメントを中心としたコンテンツ・メディア業界に関連するプロジェクト経験、知見を豊富に持つ。

事業戦略のレシピ

2008年5月10日	初版第1刷発行
2009年6月15日	第6刷発行

監 修 者——遠藤　功
著　　者——鬼頭孝幸、山邉圭介、朝来野晃茂
　　　　　　©2008 Roland Berger Strategy Consultants
発 行 者——吉田元治
発 行 所——日本能率協会マネジメントセンター
〒105-8520　東京都港区東新橋1-9-2　汐留住友ビル24階
TEL 03（6253）8014（編集）／03（6253）8012（販売）
FAX 03（3572）3503（編集）／03（3572）3515（販売）
http://www.jmam.co.jp/

装　　丁——石間　淳
本文DTP——株式会社マッドハウス
印 刷 所——広研印刷株式会社
製 本 所——株式会社トキワ製本所

本書の内容の一部または全部を無断で複写複製（コピー）することは、法律で認められた場合を除き、著作者及び出版者の権利の侵害となりますので、あらかじめ小社あて許諾を求めてください。

ISBN 978-4-8207-4507-5 C2034
落丁・乱丁はおとりかえします。
PRINTED IN JAPAN

JMAM 好評既刊図書

使って味を出す飽和時代の差別化ツール

ブランドのレシピ

㈱ローランド・ベルガー　鬼頭孝幸著　A5判　296頁

　抽象的なブランド論はもういい！　商品・サービスが飽和しているこの時代、市場で生き残るためには競合に負けない圧倒的優位性が必要です。ライバルと明確に差別化し、お客様に選ばれ続けるためのブランドの「構築手順」を、本書は恐ろしいまでに丁寧に、わかりやすく解説しています。ブランド推進担当者はもちろん、商品開発担当者にとっても必須アイテムになること間違いなしです。